JN439356

나는 모른다
그대는 아는가

박부도김 산문집

신아출판사

책머리에

안개 자욱한 이른 아침에

아침이다.

어제는 봄을 재촉하는 비가 온종일 조용히 내렸는데……

오늘은 안개가 자욱하다.

어제의 비와 오늘의 따듯함이 봄날에 나오는 모든 식물과 대지에 생명의 환희를 불어넣으리라.

산다는 것은 참으로 신기함이다. 끝없이 새로운 감동이 오고 흐르는 물처럼 간다.

어제 옛 친구들과 만나 한잔을 했다. 고향의 친구들이었다.

세월이 흐를수록 나이가 들수록 고향의 옛 친구들과 아무런 부담이 없이 기쁘고 즐겁게 이야기하며 마실 수 있다.

술자리를 끝내고 헤어져 돌아오는 길에 새삼스레 고향의 친구들이 고맙고 귀하게 느껴졌다.

그들은 내가 생을 마감할 때까지 간혹은 만나 서로의 소식도 전하고 고향의 어제와 오늘을 이야기하고 술도 한잔 하면서 각자의 시간의 흐름을 보리라.

이번에 나오는 책도 편한 고향의 친구들과 사심 없이 즐겁게 한 때를 농담과 웃음으로 이야기하듯이 쓴 것이다.

오래되어 어떤 이야기를 해도 이해하고 웃을 수 있는 옛 친구들과의 대화처럼 꾸밈없이 편한 마음으로 나의 하루의 느낌과 일상적인 것을 적은 글이다.

이 글을 보는 모든 분들이 나의 오래된 고향의 친구들처럼 부드럽고 편한 마음으로 마음에 들지 않는 부분이 있더라도 미소로 읽어 주기를 바랄 뿐이다.

산다는 것은 시간을 넘는 것으로, 오는 모든 시간을 즐겁든 괴롭든 넘어가야 한다고 본다.

앞으로도 살아 숨쉬기에 많은 사연의, 인연의 시간이 파도처럼 밀려오리라.

그 파도 넘고 넘어 나만의 시각과 가슴으로 느끼는 여러 이야기를 앞으로도 끊임없이 글로 표현할 것이다.

봄 안개 자욱한 이른 아침에 서재에서 하늘을 보고 미소를 지어 본다.

하늘이 우주다.

박부도김

목차

2부 고향의 강

3부 무슨 꽃으로 피었다 갈까

4부 잘 살아라 그리운 여인이여

5부 사람 값

6부 산행을 하며

1부 하늘을 보는 마음

새해 첫날의 바람

2010년 1월 1일이다.

간밤에 모처럼 모인 식구들과 이야기하며 한 잔 하느라고 늦게 자는 바람에 늦게 일어났다.

우리 식구를 포함 10명이 아침을 같이 먹었다.

처조카들의 세배를 받았다.

올해는 더 건강하고 공부도 잘하라는 덕담을 해주고 섭섭하지 않게 세뱃돈도 주었다.

나보다 윗분들께는 구정에 세배를 드리고 후대들에게는 1월 1일에 세배를 받기로 했다.

새해가 한참 지난 구정에 '새해엔 건강과 복이 충만하라.'고 하는 것이 조금은 어색할 것 같아 새해 첫날 세배를 받고자 했다. 역시 첫날의 새해 덕담이 훨씬 유익한 것 같다. 나에게는 첫날에 하라고 선포하길 잘했다 싶다. 이왕이면 새해 첫날에 인사함이 좋으리라.

아침을 먹고 나니 처가 말하길 이곳 전주에 온 지도 며칠 안 되어 주변을 잘 모르지만 연꽃으로 유명한 '덕진공원'에 가 보자 했다.

손님으로 온 처가 쪽 식구들과 같이 눈으로 뒤덮인 공원을 흰 눈을 밟으며 걸었다.

모든 자연의 모습이 며칠 동안 온 눈에 덮여 있다. 연못의 물도 연속된 추위에 꽁꽁 얼어 있고 얼음 위에 겨울 철새 몇 마리 먹이를 찾는지, 말라 비틀어진 모습으로 얼음 위로 고개를 내민 연꽃의 잔해 사이를 헤매고 있다.

"어머나! 저 새들 뭘 먹고 살지!"하는 처의 말에

"이 추위에 얼음 위에서 먹이를 찾는 것도 저 새의 역량 아닐까? 이 상황을 견뎌야 봄에 활활 날아 먼 북쪽으로 갈 수 있지 않을까?"

그래도 이 얼음 위에서 먹이를 찾는 것이 애처롭단다. 따뜻한 마음을 갖고 있다. 불쌍한 사람을 따뜻한 마음으로 보고 어떡하면 그들에게 도움을 줄까를 생각하고, 행동으로도 옮기는 여자다.

인생, 여러 사람을 만나고 이야기하며 살아가고 있지만 되도록 가깝게 지내는 사람들은 마음이 따뜻한 사람이었으면 싶다. 따뜻한 마음은 간혹은 어떠한 개인의 역량보다 훨씬 우선한다는 것을 느낀다. 나의 주변을 따뜻함이 가득 찬 공간으로 만들어야겠다.

말라 비틀어진 저 연꽃들도 따뜻한 봄날의 햇살이 비칠 때, 분명 소생하리라. 어여쁜 꽃으로. 그때가 되면 이 공원 생명의 환희와 꿈틀거리는 기로 가득 차리.

눈이 부시게 떠 있는 새해의 해, 따뜻하다. 눈을 찡그리며 사진을 찍는다.

옆에 선 나의 여자 건강하고 많은 복 있길 바라며 손을 잡아본다. 가족의 따뜻함이 더 깊어지고, 행운이 가득하게 오길 원하고, 나 또한 주위에 따뜻한 햇볕이 되어야겠다는 다짐을 하며 새해 첫날을 보낸다.

청춘이란

어느 곳에 가나 겨울의 그 눅눅함을 벗고 봄은, 너무도 환한 색채의 조화인 양, 희망의 표현인 양 밝은 생명으로 우리의 곁에 왔다. 아! 산다는 것은 어둠 뒤에 밝음인가. 삭풍 뒤에 춘풍인가. 아니면 그냥 그렇게 흐르는 자연의 섭리인가,.

저 꽃을 피우기 위한 노력을 누가 했단 말인가. 인간의 시간은 신의 영역을 넘은 대자연의 조화인가. 우리는 살아 있기에 사는 것인가 살고 싶어서 사는 것인가 신의 돌보심으로 사는 것인가.

꽃은 꽃으로 좋은 것인가, 누가 바라보아야 좋은 것인가, 꺾어야 좋은 것인가, 그냥 놓고 자연의 하나로 보아야 좋은 것인가, 보고 흡족해 해야 좋을까, 추함에 애처로움을 느껴야 좋은 것인가, 가슴에 희망과 부드러움을 찾아야 하는가. 바람에 흔들려야 좋은가, 부는 바람을 무시해야 좋은가, 빨간색을 좋아해야 좋은가, 왜 꽃은 흰색도 좋고 노란색도 빨간색도 좋단 말인가.

인간의 가슴에 피는 꽃은 봄의 꽃처럼 다양하지 않단 말인가. 노란색은 노래서 좋고 흰색은 그 순백의 색 때문에 좋다. 꽃은 작으면 작은 대로 크고 화려하면 또 그대로 좋다.

그대여 묻지 마라. 왜 꽃이 피었냐고. "필 때가 되어서 핀다." 하한 순백의 꽃, 꽃눈 되어 날린다. 휘날리며 지는 꽃을 바라보며 걸어본다. 3월도 아닌 4월의 눈이 되어 휘날리는 꽃들. 5월에 날리는 꽃눈은 안 되겠지. 바닥에 뒹구는 꽃잎들 무상하다. 우리의 인생도 어느덧 꽃잎처럼 지는 줄 모르게 지겠지. 머물기 원한다고 머물 수도 없을 것이고, 잡는다고 잡히지도 않겠지만 영원한 젊음이 항시 내 곁에 있을 줄 알았지만, 가는 젊음을 바라보는 나는 그 꽃잎 같아라.

청춘이란 두려움을 물리치는 용기
안이함을 뿌리치는 모험심
그 탁월한 정신력을 뜻하나니
때로는 스무 살 청년보다 예순 살 노인이 더 청춘일 수 있네
누구나 세월만으로 늙어가지 않고
이상을 잃어버릴 때 늙어가나니

이 시는 사무엘 울만의 「청춘」 이란 시의 한 구절이다.

이상을 잃고 용기를 잃어버렸을 시 우리는 진정 늙어가고 있는 것 아닐까. 나는 늙어 죽는 그 순간까지도 진취적 사고로 살기 위해 자신의 내면을 단련하려고 노력한다. 우리의 삶이란 결국은 종착역이란 어느 지점에 도착할 때까지 어떤 사고와 어떤 신념으로 어느

시각으로 살아가느냐가 그의 운명을 결정짓는다고 생각한다. 나의 인생을 대신할 것이 하나도 없는 이 세상을 비겁자처럼, 패배자처럼 운명과 자신을 원망하는 삶을 살 수는 없다고 생각한다. 결국은 부는 바람과 그때그때 승부를 겨루며 살아가는 것이 인생 아닐까.

나는 어려워질수록 손에 힘을 힘껏 주고 주먹을 쥐지만 되도록 얼굴은 평온을 유지하려고 노력하며 입가엔 미소를 띤다. 오는 파도를 피할 생각은 없다. 그 파도를 즐기고 싶다. 넓은 가슴으로 어떤 순간이라도 즐길 수 있다. 말처럼 쉽지는 않겠지만 그러나 어찌하리. 이 세상에 태어난 운명인 것을. 대가를 지불 않고 운명의 기차를 탈 수는 없는 것 아닌가. 그 운명의 값을 지불하고 당당히 특실을 타고 가리. 이것이 청춘이 지녀야 할 사고가 아닐까.

벚나무 위로 보이는 하늘이 푸르다. 바람을 타고 나는 꽃잎이, 꽃잎처럼 피고 지며 바람과 꽃잎 하나 되어 나풀거리듯, 이 삶의 여정도 흡족해 하는, 그 환한 밝음을 주위에 나누며 어느 때인가 저 꽃잎처럼 하늘을 하얗게 수놓으며 떠나겠지. 하늘 아래 자연이 있듯, 우리도 자연의 꽃들처럼, 아름다울 수 있을까.

사람이 꽃보다 아름답다고 했던가. 꽃의 아름다움을 보지 못하는 것이 우리의 퇴색한 눈인 경우가 있다. 자연을 자연 그대로 보는 것이 제일이다. 오늘 지는 봄꽃을 보는 눈으로 꽃보다 아름다운 꽃을 봐야지. 그 꽃 피고 지는 속을 걸어야겠다.

벚꽃은 지지만 그 꽃 속을 시인이 되어 즐기듯 걸어가리라. 꽃잎에 가슴 적시며 사뿐사뿐 걸어가리라.

팔십팔 세 청춘의 아버지

팔십팔 세의 아버지, 밥도 잘 드시고 내가 따르는 매실주도 맛있게 마신다.

우리 집은 일반 가정과는 다른 흐름이 있다. 오늘도 아버지와 식사하면서 부동산 거래를 했다. 우리나라에서 보기 드물게 공원 속에 위치한 내 집의 장점과 아버지가 살고 있는 아파트의 좁은 평수와 나쁜 공기 그리고 가족 모두의 모임 시 느끼는 불편함을 이야기했다. 돌아가시기 전에 넓고 쾌적한 넓은 공간에서 여유롭게 그리고 제사 때 한두 번 쓰더라도 유용한 넓은 공간의 필요성으로 인해 내가 이사를 가야하는 필연적인 이유도 거론되었다. 아버지는 여유롭게 웃어가면서 몇 가지를 묻는다. 그 집을 매수함에 있어서 장점과 거래의 정확성을.

내가 말했다. "아버지 부자지간에 그리고 아버지가 우리 집에 한두 번 오셨습니까? 설마 제가 아버지 손해 입히겠습니까?"

"야! 그래도 짚을 것은 짚어야지. 그래 가격은 얼마냐?"

"몇 달 전 아버지하고 이건에 대해 이야기할 때보다 일이천이 올랐으니 천만 원은 더 줘야 합니다."

"야 천만 원 깎자."

"안 됩니다. 한 이천은 더 받아야 하는데 아버지라 천만 원 더 받는 것이니 깎지 마세요."

"그러냐! 그래도 타협은 하자."

몇 가지 이견을 좁혀 원만히 타협을 하고 양보할 부분을 양보했고 대신, 내가 이사 갈 곳의 부동산을 물색하고 이사에 따른 진행을 아버지가 돕기로 하고 이야기를 마쳤다. 식사를 마친 후 밖에 나와 식당 주차장으로 갔다.

아버지는 어머니 돌아가신 후로 맞아들여 재미있게 사는 새어머니를 자신의 차에 태우시고 당당하게

"나 먼저 간다." 하고 가신다.

순간 감동의 물결이 밀려온다. 내일 모레면 구십인 아버지, 저 연세에도 바른 자세로 꿋꿋하게 맑은 정신으로 조강지처는 아니지만 자신을 믿고 따르는 여인을 옆에 태우고 다닐 수 있다니 존경스럽다.

나도 열심히 체력을 관리해야지 하는 생각을 한다. 구십이 가까우신 아버지. 앞으로 더 많은 날들 건강하고 행복하시길 바라며 저 멀리 어둠 속에 후미등이 빛나는 아버지의 차를 보며 처와 아들과 함께 손을 흔들어 본다.

감나무를 보며

함양에서 백전으로 가면 백운산 가는 길로 들어간다. 이 길은 내가 생각할 일이 있든지 머리를 식히고 싶을 때 전주, 대전을 거쳐 서울에 가는 길이다.

길옆에 벚나무가 산의 정상 가까운 데까지 심겨져 있어 봄에 가면 그 화사한 벚꽃과 계곡의 어울림으로 환상적이다. 여름엔 초록의 안정적인 색이 여유를 선사하고 가을엔 벚나무의 단풍으로 길손을 함박 즐겁게 한다. 3~4킬로를 달려갈 때까지도 차는 겨우 2~3대 마주치고 어느 때는 한 대도 보이지 않는 나만의 전용 도로와 같은 아주 한적한 길이다.

어떤 모임으로 정동진에 갔을 때의 일이다. 밤을 새워 술을 마셨다. 많은 이야기를 하고 깊어가는 바다 생명의 소리를 간간이 느끼며 선잠을 잠시 자고 아침에 동해의 해맞이 겸 걷게 되었다. 안개가 깔려 있는 바다는 해맞이를 허용하지 않는다. 하나 아침의 바다에

불어오는 시원한 바람과 파도는 가슴을 얼릴 만큼 상쾌하고 찬 기운으로 시원함과 꿈틀거리는 힘찬 기운을 보낸다. 파도와 먼 지평선과 회색에 가까운 색으로 흐르는 안개도 본다. 분명 저 안개와 파도를 넘어 해는 분명히 떴을 테지만 해는 보이지 않았다. 지평선을 바라보는 나는 서서히 밝아오는 시간의 흐름만 느낄 수 있다. 지금의 나는 지평선을 넘어 떠 있는 해를 느낄 수 있는 가슴을 열고 있을까. 아니면 보이는 이 풍경만을 볼 수 있는 눈만 갖고 있을까. 존재해 있는 것만 볼 수 있고 느낄 수 있는 것이 지금의 동해바다. 저 지평선을 넘어 볼 수 있는 가슴의 눈이 필요할까. 아니면 보이는 안개와 밀려오는 파도를 보고 불어오는 바다의 바람만 느낄 수 있다면 될까. 어느 선까지 바라볼 수 있는 가슴의 눈이 필요할까. 안개는 안개, 파도는 파도, 바람은 바람인가. 잠시 바라보는 바다에 나만의 자유로운 삶의 향기가 바닷물과 함께 다가오는 듯했다.

11월의 첫날을 맞이하여 어제는 이 길을 달렸다. 생각할 시간이 필요해서 도시인 그 누구도 누리지 못할 나만의 자연을 만끽하고 머리를 정리하고자 조용하고 한적하고 길을 택했다. 가을의 스산함과 자연의 아름다움을 깊이 보고 머릿속의 상념은 그대로 두고 스치는 자연을 무심의 눈으로 보이는 그대로 눈에 담으며 열어둔 창문을 통해 들어오는 상큼한 공기를 코끝으로 담담히 받아들이며 달렸다.

자연이란 참 좋은 것이다. 자연처럼 깊고 짙은 향기를 갖는다는 것은 결코 쉽지 않으리라. 천국의 모습이 있다면 자연의 모습이 아닐까도 생각해본다. 가슴에 자연이 자연스럽게 담겨지는 것이 느껴진다. 좀 더 젊은 시절에 자연을 그렇게 가슴으로 느끼지 못하고 나이 든 세월에서야 느껴지는 것일까도 생각해 본다.

멀리 보이는 무주 쪽의 단풍이 아름답다. 천천히 내리막길을 간다. 주렁주렁 많은 감을 달고 있는 감나무가 석양에 빛나고 있다. 노란 손수건을 잔뜩 달고 산 넘어 온 나를 우주와 자연의 향으로 반긴다. 감나무 뒤편 하늘은 푸르고 흰 구름은 떠간다.

자귀나무를 보며 생각한다

자귀나무다.

사람을 좋아하는 데에는 조건이 없는가 보다. 어린 시절 은퇴한 목사님이 앞집에 살았는데 정원 가운데 이 나무를 심어 놓고 그 꽃을 즐기셨다.

이웃이기에, 어린 시절에 궁금한 것이 있으면 물어보면 좋은 말 많이 해주는 분이기에 평안해서 목사님을 찾아뵙고 그 꽃도 자주 보았다.

드물게 큰 나무로 자라 있던 나무였다. 스승처럼 때로는 친구처럼 너무 격의 없이 나를 반겨 주었던 분이기에 그분이 떠난 지 오래된 지금, 내 가슴에 언제부턴지 그 꽃이 자라고 있었나 보다.

어느 곳엘 가더라도 그 꽃을 보면 좋아했고 그 꽃 속에서 따뜻한 미소를 보내주었던 그분을 생각했다.

농장을 소유하고 여러 종류의 동물도 키웠고 시행착오도 많이 했다.

어느 날 나를 위한 그 무엇을 하고 싶었다. 생각나는 것이 있었다. 다양한 꽃을 많이 심었지만 나를 위한 꽃이 빠져 있었던 것 같았다.

묘목 500그루를 심었다. 관리가 잘 안 되어 10% 정도만 살아남았다. 이제는 주위 곳곳에 자귀나무가 자라 그 꽃을 올해부터는 즐길 수가 있다. 내 숙소 현관 앞에도 몇 그루 심어 놓아 문을 열면 그 향과 모습이 보인다.

보면 좋다. 좋은 데 무슨 이유가 있으랴. 나 또한 누구에게 자귀나무 아래서 좋은 말과 따뜻한 미소를 주어 많은 세월이 흐른 훗날에 그 나무와 꽃을 보고 나를 그리며 미소를 지을 수 있게 하고 싶다.

작은 분쟁

정말 아무것도 아닌 일에 각자의 감정이 개입되니 불길이 번져 벌판을 태우듯 감정의 불이 붙어 막말이 나가는 상황까지 이르렀나 보다. 사람이란 나이의 많고 적음을 떠나 격해질 수 있는 감정을 조절하기가 그렇게 어려운가. 한 발의 양보가 더 큰 이익으로 돌아온다는 것도 모르고 순간적인 감정의 흐름에 나를 흘려보낼 수밖에 없는 것이 인간의 한계란 말인가.

며칠 전 직원들의 어떤 다툼에 중간적인 인물의 한계와 인간의 조급한 성격과 좁은 시야의 한계를 느꼈다. 서로의 인격도 무시하고 성질을 내야만 속이 시원한 것인지. 얻어지는 것도 없이 자신의 감정을 다스리지 못하여 나쁜 감정을 서슴없이 표출하는 모습을 보면서 답답했다. 순간을 참는 좀 더 성숙된 인간으로 살기가 그리 어렵단 말인가. 분쟁에 개입은 안 하기로 했다.

스스로 자신의 창피함을 느낄 수 있도록 시간을 주었다. 자신을 되돌아볼 수 있는 시간을. 그리고 나를 대신할 수 있는 중간 인물의 필요성을 절실히 느꼈다. 적절한 인물을 찾고 그 인물을 넓게 활용하는 것이 어렵다는 것을 새삼 느낀다. 인물을 찾아 삼고초려한 유비의 심정을 알 것도 같다. 내 주위에 쓸 만한 사람이 없다는 것을 실감한다. 이렇게 시시하고 초라한 직원들 간의 갈등이 표출되지 않도록 중간 간부의 육성과 그 활용에 대해 생각해본다. 전화가 온다. 말썽을 일으켰던 장본인이다. 갖고 있는 승부 근성으로 많은 실적으로 이익도 주고, 많은 일에 적극성을 갖고 부딪치는 투사적인 인물이다. 나에게 항시 충성하겠다고 하는 인물이다.

"섭섭합니다, 사장님."

"뭐가 섭섭하던가."

"저는 언제나 사장님이 내 편이고 날 위로해 줄줄 알았습니다."

"뭘 위로해 줄줄 알았나? 서로 싸운 것을."

"……."

"아 이 친구야, 자네 같은 한 지역의 책임자가 그리 쉽게 성질을 낸단 말인가. 그렇게밖에 못하는 인물인 줄 몰랐네. 자네가 그런 사소한 일로 화를 내는 작은 인물이었단 말인가. 실망했네."

점점 시간이 흐르고, 작은 목소리가 전화에서 나왔다.

"사장님 잘못한 것 같습니다."

"그렇지. 이번은 모른 척할 테니 근무 잘해."

"네."

잘된 일이든 못된 일이든 내가 안고 가야 하는 것이 나의 숙명이리라. 다시 한 번 내 길을 돌아보고 내일을 준비한다. 하늘에 흘러

가는 구름이 오늘따라 한층 더 높아 보인다. 농장의 향기가 코끝을 스친다. 향기롭다.

삶의 위대함

로마의 장군을 농장의 내 숙소 입구에 세워 놓았다.

'시~저'

가장 믿었던 측근의 배반으로 삶을 마감한 영웅이다. 천 년 동안 세계 최대 강국으로 이어져 나갔던 로마. 그 로마의 뿌리를 튼튼히 했던 인물. 그 인물의 동상을 숙소 앞에 놓음으로 나는 뭘 얻으려 했을까? 자신이 자비를 많이 베풀었던 사람들에게 결국은 암살이 되었던 인물. 이런 영웅적인 인물에게서 배울 수 있는 점은 아무리 큰 인물이더라도 항시 철저한 내일을 구상하지 않으면 결국은 파멸의 길로 갈 수 있다는 것이다.

그 잘못에는 그 누구도 힘이 되어줄 수 없다는 것. 영웅의 운명이 그럴진대 나 같은 필부의 사고는 끝없이 생존하고 나가려 노력을 해야지. 그런 노력이 없다면 그 누구도 힘이 되어 줄 수 없는 처지에 놓일 수 있다는 사실을 깨닫는다.

크고 작은 파도를 많이 넘었기에 유능한 선장일 수가 있고, 크고 작은 전투와 내부 적들의 권모술수를 슬기롭게 헤쳐 왔기에 영웅이 되었던 인물.

어떻게 슬기롭게 고난의 시간을 넘겨야 나도 내가 만족할 수 있는 선까지 흘러갈 수 있을까? 그런 시야를 갖고 삶을 살고자 하기에 이곳에 오고 갈 적에 한 번씩 보며 미소를 짓곤 한다.

천군만마를 한마디 호령으로 다스리며 가장 효율적인 방법으로 적을 이겼고, 그들의 장단점을 끊임없이 분석한 다음 작전에서는 필승을 거두었던 인물.

"왔노라, 보았노라, 이겼노라."라는 말로 승리를 노래했고, "브루투스, 너마저."라는 말로 유명을 달리한 영웅. 나 가을이 오는 이날에 코스모스 길을, 상그러운 자연의 흐름을 발이 지치도록 걷다가 돌아와 위대한 장군의 상에 팔을 걸치고 생각한다.

이 맑은 가을의 하늘과 바람에 흔들거리는 코스모스와 삶의 위대함은 무엇인가를.

작은 행복

오랜만에 직원들하고 저녁 겸 술 한 잔을 했다.

친구들 하고 미리 약속이 되어 있었으나 마침 비도 오고 좀 늦게 와도 된다기에 퇴근을 준비하는 직원들에게 저녁식사를 제안했다.

식사 도중에 한 직원이 "사장님이 저번에 카페에 한 직원은 차를, 한 직원은 음식을, 한 직원은 인삼 엑기스를, 갖다 줘 먹고 마셨는데 왕이 부럽지 않더라. 라고 썼는데 그것 보고 과일을 갖고 온 직원만 빼서 전 총무가 서운해 했습니다." 한다.

아뿔싸! 나는 가벼운 마음으로 글을 썼는데 좋은 뜻으로 한 행동이 그 글에 빠져서 좀 서운해 했는가 보다.

그리고 새삼 고마움을 느낀다. 업무상 이동이 많기에 전국의 중심이 되는 이곳 대전에 간단하게 임시 숙소를 마련해 놓고 늦은 시간 전주까지 갈 수가 없을 때면 활용한다.

아침도 안 하고 사무실에 있는 나를 이곳 대전 직원들이 신경을 써 주는데 미안할 정도다. 그 행위가 꼭 사장이라서가 아니라 집안의 존경스러운 윗사람에게 대접하듯 한다.

나는 간혹 느낀다. 어떤 행위가 진정한 마음이 담긴 행위인가, 아닌가를. 하기에 거창한 대접을 받고도 서운함을 느낄 때가 있고 사소한 대접을 받고도 마음에 큰 만족을 느낄 때가 있다.

우리 대전 직원들의 행위야말로 큰 고마움을 자주 느낀다. 그들의 행위에서 작지만 진실이 가득하게 담겨 있음을 느낀다.

사람의 행복은 여러 종류가 있겠지만 이렇게 직원들의 참된 마음이 담긴 정을 느낄 때 참으로 뿌듯함을 느낀다.

마주칠 때 나누는 인사에서 그 눈빛에 들어 있는 마음을 알 수 있다. 언제나 정다운 마음으로 대해주는 그들의 마음이 고맙다. 그 사랑을 받을 수 있는 나는 어느 누구보다 행복한 사람이다.

내가 말했다. "아! 그때 그 과일이 총무가 가져온 것이구먼. 내 몰랐네. 고마우이."하니 그 직원은 그냥 말했는데 직원들이 호들갑이라면서도 그날의 과일은 자신이 가져온 것이란다.

다들 한바탕 크게 웃었다.

새벽이다. 어제 일을 생각하니 즐거우면서도 여러 가지 생각이 꼬리를 물어 잠이 안 온다. 경우에 따라서는 과분할 정도로 여러 사람의 사랑을 받고 사는 나. 이런 여러 사람들의 사랑에 보답할 길을 생각한다.

큰 것만 사랑이고 작은 것은 사랑이 아닐 수 없으며 물질의 만족만 만족이 아니라 지금까지 받아온 많은 분들의 사랑에 내 무엇으로 보답하는 인물이 될까를 생각하면 간혹은 잠이 안 올 때가 있다.

새벽 3시가 좀 넘었다. 그 무엇인가가 잠 못 이루게 하는 밤. 어려울 수도 있지만 보람도 있는 나의 인생. 기지개 크게 한 번 켜고 잠시 다시 한 번 누워 웃음을 머금는다.

밤하늘엔 총총 별이 빛나겠지.

오늘을 돌아보며

송년회에 가려 했으나 갑자기 전주에서 창녕 그리고 대구, 대구에서 대전으로 가야할 일정이 생겼다. 도착 시간 오후 9시 20분, 어디에 가기도 어중간한 시간이다.

오늘을 돌아본다. 대구에서 점심을 먹고 'M2'라는 효소 찜질방에 가서 찜질을 했다. 이런 찜질이 있었나 싶게 왕겨를 발효시켜 그 안에서 나는 자연의 열로 땀을 내는 특수한 방식이다. 건강에는 좋은 효과를 낼 수 있을 것 같다는 생각이 들었다. 그러나 왕겨를 발효시켜 나오는 열과 묘한 냄새가 샤워를 했어도 꼭 오줌냄새 비슷하게 이 시간까지도 몸에 남아 있다.

바쁜 일정이 자연스럽게 이 시간 이후를 한가하게 한다. 이 하루의 바쁨은 오늘 오랜만에 재거래를 맺은 거래처의 사장님이 기분이 좋아 한 턱을 냈기 때문이다.

첫 거래에 서로의 물건(?)을 봤으니 앞으로의 거래가 서로에게

도움이 될 수 있겠다. 어느 거래든 인간 간의 거래에는 서로에게 이익이 되는 거래가 마음을 기쁘게 한다.

남녀의 사랑도 거래가 아닐까? 서로가 상대에게 손해를 입히면 안 되는 거래. 한쪽만의 희생적인 사랑은 행복한 사랑은 아닐 것이다.

밖에 나가 한 잔을 하고 올까 하다가 오늘은 조용히 보내기로 하고 숙소로 통닭을 시켰다.

통닭과 가볍게 한잔하면서 글을 쓰면서 고요하게 이 밤을 즐기는 마음으로 이 시간을 보낸다. 때로는 조용히 보내는 시간이 나를 돌아볼 수도 있고 나의 마음을 살찌울 수도 있는 시간 아닌가? 혼자 있는 시간에 강할 수 있는 사람이 인생에도 강할 수 있지 않을까 한다.

사랑하는 사람들에 둘러싸여 있는 시간도 즐겁기야 하지만 혼자만의 시간도 사랑의 시간인 것 같다.

오전에 눈 내리던 고속도로의 모습을 사진으로 못 찍은 아쉬움이 떠오른다. 눈 내리던 고속도로의 아름다움, 차를 주차하고 사진을 찍을 수 있는 공간을 못 찾아 그냥 스쳤던 시간들, 역시 아쉽다. 아쉬움도 인생의 또 다른 아름다운 시간이 아닌가 생각하며 입가에 웃음을 지어본다.

이렇게 이 생각 저 생각으로 보내는 시간들, 좋은 시간이겠지.

하늘을 보는 마음

나는 나 나름대로 삶의 길을 간다. 가는 중에 나는 나의 식대로 가는 길이 주위를 불편하게 하지 않나 하는 생각을 할 때가 있다.

인간이란 혼자 살 수 없는 사회적인 동물이 아닌가? 나도 위하고 남도 위한 삶! 그 길이 나의 길이라 생각하고 그런 길을 가고자 하지만 아직은 술을 좋아하고 술 마시는 분위기가 좋기에 어떤 취미적인 시간보다 술을 자주 마시게 된다.

나는 어릴 적 할머니의 헌신적인 사랑 속에 자라서 그런지 남의 기분을 맞추거나 남에게 봉사하는 것보다는 남이 나에게 잘해주길 바라고 주변의 어떤 흐름이 나에게 맞지 않으면 짜증이 난다. 그 짜증을 밖으로 나타내지 않기 위해 오랫동안 남 몰래 표정 연습도 했다.

한 번 피었다 한 번 꽃잎이 지듯 언젠가는 가야 하는 것이 우리의 인생이다. 파릇하게 피어나는 새싹도 좋고, 초록의 나뭇잎도 좋지만 가을날에 단풍으로 바람에 날리는 낙엽 또한 볼만한 것 아닌가? 말라 비틀어져 밤색으로 나무의 잔해가 되어 길가에 아니 숲 속에 낙엽이 되어 그렇게 뒹굴다가, 바스라져 자연으로 돌아간들 어떨까?

어디에 존재를 하든 잘나고 못났든 우리는 숨을 쉬는 그날까지 나름대로 각자의 눈과 마음으로 자신의 길을 가야 하는 것 아닌가.

평안한 마음으로 편하게 살고자 하는 나이지만 얽히고설켜 있는 인간의 여러 관계가 간혹 나를 괴롭힌다. 인간으로서의 책임과 의무. 어디까지가 인간으로서의 책임이고 어디까지가 인간으로서의 의무인가? 책임과 의무를 다하고 나를 위한 나의 길은? 그 모든 것에 대한 운명과 삶과의 타협점은?!

누구를 많이 위하여야 되고, 누구를 많이 사랑하여야 된단 말인가? 나를 위하여 살아야 하느냐? 남을 많이 위하여 사느냐? 어디까지가 나를 위해 열어 놓은 삶일까? 인생의 전반을 보내고 후반에 들어간 나를 경기장 안의 선수에게 감독이 무엇을 요구하듯 나의 신은 무엇을 요구하고 바랄까?!

오늘도 밖에 나가 하늘을 여러 번 올려다본다.

11월 마지막 날을 안개 속에 흘려보내며

술을 한잔 하고 나오니 안개가 자욱했다. 가을이 끝나고 겨울로 가는 계절의 길목이지만 내일은 봄 날씨처럼 포근했으면…….

추위도 느낄 수 없는 아주 부드러운 밤의 날씨이기에 택시를 타고 숙소에 가기에는 아까워 발이 피곤해질 때까지 걷고 싶었다. 안개가 자욱한 대전의 한가한 도로 옆 보도를 천천히 걸었다.

차도로 맹렬하게 달리는 차들의 불빛을 보며 그 옆 넓게 트인 보도를 걸으니 '자욱한 안개 속에 희미한 두 그림자~'하며 유행가가 절로 입 밖으로 튀어나온다.

가로등의 불빛 아래 보이는 가로수는 잎이 다 떨어져 앙상한 줄기만이 불빛에 흐르듯이 보인다. 보도의 옆에는 아직 치우지 않은 낙엽이 발에 간혹 밟힌다. 추울 줄 알았는데 안개의 부드러움과 포근한 날씨의 따스한 감촉이 부드러운 여인의 숨결처럼 몸을 감싼다. 한 잔 한 기분 좋은 느낌의 흐름과 진하지 않게 옅은 부드러움으로 도시를 감싸고 있는 안개가 걷는 발걸음을 상쾌하게 한다.

발걸음을 빨리 하다 아주 천천히 걷다 변화를 주어본다. 다시 노래도 흥얼거려 본다.

내가 살아 있다는 것이 새삼 감사하게 느껴진다. 춥다고 생각하고 마음의 무장을 하고 밖으로 나왔을 때 느끼는 포근한 밤의 날씨. 11월 30일의 날씨가 안개가 자욱하고 부드럽고 따뜻하니 마음이 편안하다. 인생의 행복이란 특별한 것이 아닌 것 같다. 날씨의 변화에서도 무한한 행복을 느낄 수 있으니…….

이런 작은 행복, 삶의 만족이 모여서 큰 행복으로 이어지는 것이 아닐까. 산다는 것은 행복을 찾는 것이다.

몇 시간 후면 11월은 가고 12월이다. 한 해를 마무리하는 달이다. 12월 하면 시간의 빠름을 실감할 수 있는 달이다. 나는 시간을 보내고 싶지 않건만 시간은 나에게 세월의 빠름을 뼈저리게 느낄 수 있게 한다. 보내는 시간, 가는 시간, 세월 탓해 무엇할까? 그냥 실없이 웃으며 이 부드럽게 흐르는 안개 속에 묻혀서 그렇게 보내리라. 세월의 강물에 안개 흐르듯이 흘려보내리라.

아~안개 속에 나의 시간, 나의 세월, 11월 마지막 날이 흘러간다.

2부 고향의 강

농장을 돌아보며

충신 오형제 농장의 꽃

그대 내 농장에 와 한잔하려는가

장마철 농장의 아침

애견 럭키

애완견과 아들

전용목욕탕

육 남매의 만남

늙은 고모를 노래하며

꽃분이

고향의 강

등대

농장을 돌아보며

농장이다.

어제는 술을 적당히 마셨다. 오랜만에 농장을 천천히 둘러보려고 애견 조조를 묶었던 줄에서 풀어 주고 나를 따르게 했다.

어제까지는 추웠으나 오늘은 봄 날씨처럼 부는 바람이 포근하다.

약수터를 돌아보니 약수가 건재하게 물소리 내며 흐르고 연못은 완전히 꽁꽁 얼어 있다.

겨울의 산은 황량하나 나뭇잎들이 없기에 산의 모습 그대로, 숨기지 않은 자연의 모습을 볼 수 있다.

자연은 겨울에 보면 모습을 정확히 알 수 있으나 사람은 직업, 학벌, 위치, 옷차림, 교양, 주변의 배경 등으로 자신을 자연스레 감출 수 있으니 옷을 다 벗기고 보면 그대로 볼 수 있을까!

지금까지의 경험상 사람은 벗어도 사람을 속이는 가식적인 동물이니 그래서 인간은 자연의 제왕이리라.

어느 때는 사랑하는 사람보다, 이렇게 애견과 같이 걷는 것이 훨씬 즐거우니 개 때문에 울고 웃는 사람들의 심정이 이해된다.

아무리 한가해도 오는 전화는 받아야 한다. 어디에 있든 인간은 100% 해방은 없나 보다. 받고 보니 하품 나는 내용이다.

내년에 정자라도 하나 세울 자리를 물색한다. 전망과 시야가 좋은 곳으로 선택하여 정자를 세워 놓고 벗들을 초대해 한잔 할 생각에 벌써 흐뭇해진다. 쓸 만한 자리라고 생각되는 곳에서 주변을 보니 시야가 넓고 풍경이 좋아 마음속으로 '이 자리에 세울까?'했다.

나의 수호신인 부처님에게 인사드린다. 나의 앞날의 정진과 가정의 화평 그리고 주위에 도움이 될 수 있도록 해 주십시오 하는 소망도 빌어본다. 돌이면 어떻고 부처면 어떠리. 내 마음속에 자리를 잡고 있으니.

이곳을 점진적으로 모양새 좋고 나의 꿈과 더불어 바꿀 수 있는 방법은 무엇인가를 생각하며 내 자신에게 질문을 던져본다. 과연 무난히 이룰 수 있는 꿈을 꾸고 있나를. 그런 미래를 창출할 역량과 노력 그리고 인내 그리고 운이 따를 인간인가? 나는.

괜히 웃음이 나온다.

애마 꽃분이에게 인사를 한다. 모른 척하고 조조만 데리고 다니면 섭섭해 할까 봐.

말은 되새김을 할 수가 없기에 부드러운 것을 자주 먹는다. 여름에는 돌아보지도 않던 마른 잎도 잘 먹는다. 이 애마 꽃분이 하고는 인연이 남다르다.

논산의 마장에서 말을 탈 때 새 말이 들어와 그곳에 있던 7~8명이

새 말이라고 다 한 번씩 교대로 타 보았는데 모든 사람에게 행동으로 거부를 하고 성질을 부리던 말이 내 차례가 되어 타니 고분고분 말을 잘 듣는 것 아닌가?

몇 차례 실험을 해봐도 결과는 마찬가지. 주위의 동료들 "저 말은 박 사장 말이다!" 해서 내가 가지고 있었던 별 정이 안 가던 백마를 주고 웃돈을 얹어서 바꾸어 타다가 농장으로 데리고 온 말이다.

이놈은 내가 말을 타든 안 타든 잘 돌보아 키우다 죽으면 잘 묻어 주리라고 선언해 나의 주변에서 말에 대한 딴 의견이 없도록 했다.

오른쪽으로 놓아 키우는 닭들이 보인다. 낮에는 마음대로 자유롭게 농장에서 먹이를 찾게 하고 밤에는 산짐승으로부터 보호하는 철망으로 만든 닭장에 자기들 스스로 찾아간다.

이곳은 간혹 산고양이, 오소리 그리고 족제비가 온다. 제비는 사람이나 짐승이나 나쁜 놈들인가 보다. 몇 번 혼나고 난 뒤에 요즈음은 볼 수 없다. 이 총은 그럴 때 쓴다. 토종 닭, 거위, 기러기, 청둥오리를 보고 있다. 잠시 쉬면서 내년 봄에 들여올 타조를 어느 곳에서 키울까를 생각해 본다.

애견 조조 나에게 계속 애교를 부리고 있다. 예전보다 덜 데리고 다녀 애정에 목말라 있는가 보다.

농장에 있는 시간이 예전 절반이 줄었으니 나 하고 있는 시간도 전보다 반으로 줄었다.

"조조, 이해해라."

조조만 예뻐한다고 멀리서 어느 틈에 왔는지 옆에 와서 시치미 떼고 있는 꽃분이. 이들이 오랫동안 평화롭게 살다갈 수 있도록 여러 가지 신경을 써 주어야겠다. 이런 짐승은 사람의 사랑으로 존재되는 것들이니.

숙소 앞에 오니 앞으로 농장의 지킴이들이 마중을 나온다. 귀여운 놈들이다. 무럭무럭 잘 커 이 농장의 꽃이자, 오는 모든 분들의 사랑을 받고 귀여움을 받는 상징적인 존재가 되길 바란다.

충신 오 형제 농장의 꽃

농장에서 키우는 복실이가 난 새끼 강아지 오 형제이다. 농장이 넓어서 개가 있어야 한다. 전에 덩치가 큰 검은 개 오 형제를 사다 키워 농장 어디를 가나 나하고 같이했는데 내가 농장에서 보내는 시간이 짧아져 '조조'라는 직속 한 마리만 남고 다 떠나가 사랑을 줄 만한 개가 없었다.

개를 좋아하기에 호흡을 같이할 개가 필요해 어떻게 할까 생각하던 중 집에서 애완견으로 키우던 개를 키우기 어려워 농장으로 데려왔다.

나는 개를 좋아하지만, 개는 자연 속의 개를 좋아하지 집안의 식구로서의 애완견은 별로라 나에게 오는 애완견은 크기를 막론하고 밖에서 키운다.

이 방침에 적응해 잘 살다가 죽은 개가 몇 마리 된다. '복실'이라고 이름을 받은 이 개. 밖에서 살면서 어떻게 임신을 하고 새끼를

낳았는데, 작은 개의 종으로 드물게 다섯 마리나 낳았다. 묘하게도 다섯 마리 전부 수놈이다.

누군가가 "남에게 줄 건가요?" 하고 물었다.

"이곳에서 출생한 강아지 오 형제 그동안 나의 충실한 충견이 없어 서운했는데 이 오 형제들 농장을 지키는 개로서 남에게 주지 않고, 충견으로 만들 것입니다."라고 했다.

농장에 오는 분들이 많은데 덩치가 큰 개들은 사납고 순하고를 떠나 무서워하는 분들이 많다. 그러나 이 개의 종자는 아주 작은 애완견의 일종으로 귀엽고 작고 영리하기에 풀어 놓고 키우는 데는 최고다.

개를 키우다 보면 그 중에서 특별히 말을 잘 듣고 잘 따르는 충견이 있는데 이 중에 한 강아지가 농장에 온 손님들과 밤늦게까지 마신 빈 술병이 있는 곳으로 와 앉는다.

그 모습이 빈 술병이지만 주인을 지키는 충견의 모습이다.

"오! 너는 대단한 충견의 소질이 있는 강아지다! 앞으로 충성스런 나의 친구로 잘 지내자." 하니 아무것도 모르는 강아지 좋다고 꼬리 친다.

오랜만에 앞으로 사랑을 줄 충성스런 개를 보는 것 같다. 이 강아지를 사랑으로 잘 키워 이 농장의 충실한 수호신으로, 농장의 꽃으로 만들어야겠다.

그대 내 농장에 와 한잔하려는가

나는 인연을 좋아한다. 나는 열을 주고, 하나 받을 생각으로 인연을 만든다. 하나를 주고 하나를 받는다면 더 말할 나위 없이 좋겠지만, 손해만 나지 않는 인연이라면 다 좋다. 술이야 열 번이고 스무 번이고 살 수도 있지만, 대화를 하면서 시간을 보낼 때 벽을 보듯 전혀 통하지 않는 상대하고 말을 할 때가 손해가 제일 많은 것 같은 느낌이다.

새해를 맞이한 지 며칠 되지 않은 것 같은데 벌써 2월 중순이다. 세월의 흐름이 느껴진다. 누군가의 말처럼 30대는 30킬로로 달리고, 40대는 40킬로로, 50대는 50킬로로 달리는 인생인가? 우리 삶은 뭐하려, 뭘 보려 그리 달리고 있단 말인가? 좀 천천히 즐기며 가면 누가 뭐라 한단 말인가?

이 가는 세월에 자연의 아름다움을 보고 즐기고 사람의 귀함과 그들과의 인연을 곱게 이어가야 할 것 같다.

사랑은 주는 것이라는 진리를 뼈저리게 느끼면서 아픈 이웃들의 마음을 돌아보며 따뜻한 눈길 나누며 살아야겠다.

신은 이 사람은 좋아하고 저 사람은 싫어하지 않는다. 자신을 믿는 자만 좋아하는 것도 아니다.

굳은 얼굴로 무표정하게 있는 모습보다는 웃고 있는 모습이 보기에도 좋다. 독기 품은 눈길보다는 사랑으로 보아주는 눈길이 좋다. 좋은 인연을 만들고 싶다. 만나면 어렵고 굳어지고 차가움이 흐르는 사람은 인연이라 할 수 없다.

특별히 어떤 물건을 주고받아야 좋은 인연도 아니다. 그저 함께 있기만 해도 좋은 사람들이 좋은 인연이다.

이번 휴일, 농장에 그들을 초대하여 한잔해야겠다. 그대 이번 주말에 내 농장에 놀러 와 한잔하려는가?

장마철 농장의 아침

농장에 왔다. 아침에 눈을 뜨니 새소리가 싱그럽다. 농장에서 듣는 아침 새소리다. 농약을 치지 않고 생활한 몇 년 만에 돌아온 새들의 노래다.

일어날까 말까 하다가 조금만 더 누워서 창밖을 본다. 하늘의 절반은 짙은 회색의 검은 구름으로 덮여 있고 그 반은 좀 밝은 회색으로 되어 있다. 구름이 빠른 속도로 흐르고 있다. 비가 나리고 있나 보다. 후덥지근한 공기의 흐름과 짙은 초록의 나무 등에서 나는 습기와 향이 열어놓은 창을 통해 들어온다.

잠이 덜 깬 상태에서도 습도가 높구나, 습도만 없으면 훨씬 상쾌할 텐데 하는 생각이 든다. 간혹은 세상의 번잡함을 벗어나 이렇게 한가함을 즐길 수 있는 상황이 좋기도 하고 이것을 유지하기 위해 써야 되는 머리와 땀, 과연 그럴 만한 가치가 있나 자신에게 물을 때도 있다. 물론 이제야 투자된 부분이 너무 크기에 중간에 멈출 수도

없는 상태이지만.

원하든 원하지 않든 일주일에 적어도 한 번은 의무적으로라도 들어와야 하기에, 농장에 발목이 잡힌 상태라 친구나 지인들과 모든 취미를 같이하기 어렵다. 등산도 같이 못 간다. 이 농장의 산을 도는 것이 전부다.

어젯밤도 몇 분과 밖에다 숯불을 피워 구운 삼겹살에 소주를 마셨다. 주변 자연의 아름다움을 이야기하면서. 그리고 연못에 많이 있는 뱀장어 잡이 낚시대회를 한 번 할까 이야기했다. 적어도 연못에서 3년 이상 키운 장어다. 누구든 원하는 분들은 낚시로 장어를 잡아다 보신할 수 있도록 해야겠다. 낚시로 연못에서 장어 잡아가실 분 오세요. 환영하리다.

아주 한가하게 오늘을 보내고 또한 내일을 맞이하여야지. 그것도 나의 의무 중 하나이니. 이 농장에서의 자유를 만끽하기 위하여 아내도 잘 데리고 오지 않는다. 잘한 것 같다.

애마 꽃분이도 보고, 거위 그리고 연못의 잉어나 장어를 보고 내가 꾸며 놓으면서도 내가 잘 즐기지 못하는 이 멋진 자연(토요일 일요일만 오니)을 눈에 가슴에 담기 위해 기지개 한 번 크게 펴고 일어나 움직여야지. 상쾌하면서도 습도 높은 장마철 바람 맞아야겠다.

어려운 인생이다. 그러나 분명 살만한 가치도 있지 아니한가.

애견 럭키

내가 키우는 개 이름은 럭키다.

농장에 자유롭게 풀어 놓아도 닭이나 혹은 칠면조, 거위를 전혀 귀찮게 하지 않는 개이다.

어느 행동을 할 시는 나를 쳐다본다. 나의 눈빛이나 말투가 다르다 싶으면 하던 행동을 자제할 수 있을 정도의 현명함을 갖춘 개다.

오늘은 오랜만에 농장에 와 주변을 돌아볼 계획으로 복장을 갖추고 공기총도 들고 오가다 칡을 쳐낼 벌목도도 옆에 차고 럭키를 불렀다.

"럭키~ 주인님 이 농장을 한 바퀴 돌 테니 같이 가자."

럭키의 눈빛을 보면 안다.

"네 주인님 같이 가렵니다. 충성!" 하는 것 같다.

럭키의 충성심은 대단하다. 같이 가면 10미터 이상은 떨어지지 않고 간혹 꿩이나 새를 쫓을 때도 거리가 멀다 싶으면 나를 바라보

고 있다가 내가 "와라!"하면 바로 온다.

이런 개를 키우는 재미는 뭘까? 여러 이유가 있겠지만 그 중의 하나는 절대 복종이리라. 명령에 절대적으로 따르는 그 행동이야말로 사나이가 느낄 보람이 아닐까?

요즈음 세상에 마누라, 자식, 부하 직원까지 옛날처럼 아버지나 상사의 지시에 순종하며 따르는 사람이 어디에 있을까?

아랫사람을 부리기 어려운 요즈음 세상의 흐름, 럭키처럼 충직히 주인을 따르고 사랑을 주는 동물이 흔치는 않으리라. 요즈음 어디에 큰소리치고 마음껏 혼내고 변덕스런 마음으로 사랑과 미움을 마음껏 보낼 수 있는 대상이나 공간이 있을까. 미워하든 좋아하든 그가 갖고 있는 충성심으로 인간을 대하는 그 동물의 행동에 한편 존경과 감탄이 나온다.

보이면 쥐나 몇 마리 잡고 봄에 새롭게 필 꽃들도 그려보며 산을 망치는 칡도 쳐내면서 충성스런 부하, 럭키와 함께 농장에서 보내는 이 시간이 즐겁다.

"가자 ~럭키!"

애완견과 아들

큰아들이 구정에 오면서 서울에서 키우던 애완견을 데리고 왔다. 어제 저녁 식구들이 외식했는데 막내아들이 재빨리 먹고 먼저 집에 간단다. 빨리 가는 이유가 형이 갖고 온 애완견하고 놀기 위함이란다.

맛있는 음식도 흥미가 없는가 보다. 예전에 집에서 애완견을 키웠는데 그 강아지들이 주는 귀여움, 사랑스러움, 인간과의 친화력은 놀라운 점이지만 살아 있는 것이기에 똥을 싸고 매일 손질을 안 해주면 발생되는 문제들은 결코 작은 것이 아니었다.

난 연속된 출장이요, 아내 역시 자기의 일이 있는 사람이고, 아들은 예뻐만 했지 제대로 관리를 못했다. 사랑만 했지 관리가 안 돼 "집에 개 냄새가 나고 눈에 개똥이 보이고 개 오줌이 거실에 난무하는 것은 안 된다. 집에서 개를 키우지 마라." 하고 서운해 하는 아들과 그래도 사랑스러운데 키우자는 아내의 의견을 무시하고 집에서 애완견을 키우지 못하게 했다. 개를 좋아하는 아들은 간혹 주변에 주인들이 데리고 있는 애완견을 보면 가서 이름이 뭐냐? 만져도 되냐? 하면서 사랑스럽고 귀여워 어쩔 줄 몰라했다. "아빠, 내가 똥오줌 다 치우고 목욕도 철저히 시키고 모든 관리 다 할 테니까 강아지 한 마리 키워요!"하면 매번 나의 대답은 "웃기는 소리하지 마라. 네 놈이 말로만 그러지 강아지 갖다 놓으면 관리를 한다? 어림없는 소리, 밖에 키우는 개 말고는 안 돼."였다.

그런데 오늘 큰아들이 서울에서 자기가 키우는 개라고 강아지를 데리고 집에 온 것이다. 그 강아지 이름이 '조로' 란다. 강아지에 푹 빠진 막내아들은 음식이고 뭐고 흥미를 잃고 개만 귀여워한다.

애완견은 인간의 사랑을 받기 위해, 받을 수밖에 없는 특이한 점

을 갖고 있다. 그 작은 몸짓에 그 초롱초롱한 눈에, 사랑이 가득 찬 몸짓 그리고 사랑을 받으려고 가만히 있지 않고 움직이는 그 꼬리 등 나 역시 애완견이 사랑스럽다. 하나 사랑에는 의무가 따르듯, 철저히 관리하지 못할 바에는 키우면 안 된다는 것이 나의 생각이다.

아들 녀석은 밤 늦게까지 강아지하고 논다. 난 저녁에 술을 한 잔 했기에 먼저 잠이 들었다. 아침에 일어나 아들을 깨우려고 아들 방에 갔는데 언제나 깨워야 일어나는 막내아들이 벌써 일어나 있었다. 그 뚱뚱한 배 위에 애완견 '조로'를 올려놓고 놀고 있다. "귀엽냐?" 하니 너무 사랑스럽단다.

평상시 아빠의 완고한 사고를 아는 아들이라 강아지 한 마리 키우자는 소리를 입 밖에 못 내고 있는 것 같아. 내가 말했다.

"형이 갈 동안 조로를 귀여워해도 된다. 형이 가지고 갈 때까지만. 앞으로 집에서는 강아지 안 키운다."

막내아들 놈 무지하게 서운하단다. 내가 말했다. "너는 공부가 중요한 놈, 빨리 침대에서 일어나 학교 갈 준비해라. 지금이 강아지하고 놀 땐가?" 아들이 말했다. "아빠, 너무 귀여운데 10분만 놀게 해줘요." "딱 10분이다."

아들 방문을 닫고 나왔다. 강아지를 사랑할 줄 아는 아들, 앞으로 사람들도 진정으로 사랑하겠지.

전용 목욕탕

내 전용 풀장이라 하기는 좁고 내 전용 약수 목욕탕이라 하면 되는 작은 야외 목욕탕에서 산을 한 바퀴 돌면서 흘린 땀을 아들과 같이 목욕으로 씻어냈다.

농장에 물을 받아 놓고 보기 좋은 물고기를 키우면서 그 모습을 볼까 하고 만들어 놓은 작은 공간이다.

이곳에 공급되는 물은 5년 전 산의 야트막한 정상에 올라가다가 물기가 있는 곳을 보고 혹시 물이 나오지 않을까 하고 갖고 간 삽으로 파 보니 물이 흘러나온 곳. 기적처럼 발견한 샘물이다.

정상에서 20미터도 떨어지지 않은 곳에서 나오는 물이라 그동안 식수로 또는 귀한 약수로 5년 이상 사용되어 왔었으나, 함양 지역에 4년 이상 이어졌던 가뭄의 영향으로 그 양이 현저히 줄어 농장의 생활용수로 사용키 어려웠다. 작년에 지하수 관정을 파 그 물을 식수로 사용하고 이 물은 짐승들의 물로 사용하다가 너무나 좋은

물이기에 올해 서울에 사는 내가 아는 분에게 수십 통의 물을 드려 고질적으로 앓던 위장병을 고치게 한 약수다.

먹어본 분 모두가 부드러운 그 맛에 많은 찬사를 했던 물. 이 물을 받아 여러 용도로 사용하려 물만 받아 놓았던 곳이었는데. 산을 한 바퀴 돌다 오니 아들이 그곳에서 물놀이를 하고 있었다. 그 모습을 보니 물고기 키우는 것보다 좋아, 아~ 전용 야외 목욕탕을 해야겠다 생각하고 아들하고 같이 목욕 겸 물놀이를 했다. 산꼭대기에서 내려오는 물이라 더위는 순간에 사라졌으나 추워 오래 있기는 불편했다.

약수로 하는 목욕은 한방 치료이다. 가슴까지 시원해지며 이곳의 좋은 기운까지 스며드는 것 같은 약수 목욕. 혹시 이곳 야외 약수 목욕탕에 와 더위를 날려 보낼 분은 없는지.

육 남매의 만남

우리는 육 남매다.

첫째부터 다섯째까지는 남자, 막내가 여자다. 어려서 고향에 살 때는 강아지처럼 고물고물하게 뭉쳐 살았다. 남자 형제가 많았기에 크는 과정에서 갈등이 많았다. 밥 먹을 때나 심부름할 때는 첫째에게 시키면 '동생네가~'하다 보면 결국에는 막내의 차지. 막내는 울면서 어머니에게 하소연하고 결국은 어머니가 부지깽이를 들고 큰아들 혼내고 큰아들은 바로 아래 혼내고 그러다 보면 그 화살은 또 막내 남동생에게 가게 된다. 겨울날에는 한이불 속에서 장난으로 간지럽히기, 발차기, 씨름, 나중에는 싸우게 되면 결국은 회초리를 들고 마귀할멈처럼 등장하는 어머니. "이 원수 같은 아들놈들아, 잠 좀 자라~ 응!" 좀 잠잠하다, 어머니 간 10분 후에는 제2차 전쟁이 나고, 울고, 웃고, 소리치고, 뒹굴곤 한다.

옛날 우리 어머니가 늘 하시던 말씀, "내가 아들이 다섯이 아니고

딸이 다섯이었더라면 팔자가 폈을 텐데……. 아들놈만 다섯이라 모든 집안 일 나 혼자 다 하고 아이고 내 팔자야!"

어머니는 딸 많은 집을 아주 부러워했다.

어느 날 어떤 아저씨하고 싸워서 원색적인 욕을 먹고 억울해서 하소연하는 어머니, 격분한 우리 오 형제 화가 나서 '가서 혼내자!' 하고 그 집에 찾아갔다. 그 아저씨 나오라고 '작살내겠다.' 하며 동네가 들썩이도록 떠들어대자, 겁이 난 그 아저씨 벌벌 떨면서, 나중에는 그 집 여주인과 같이 싹싹 빌어서 용서했던 우리들. 오 형제의 막강함을 보여주어 그 뒤로는 우리 어머니 어깨에 힘 좀 넣고 다녔으니…….

크는 과정에 크고 작은 일이 끊임없이 일어나 집안, 바람 잘 날

없었던 우리 형제들, 그러나 그런 형제들도 성장해 가정을 이루고 일을 갖고 살다 보니, 일 년에 몇 번 만날 기회도 없고 많은 세월이 흘렀다.

우리의 다음 세대인 조카의 결혼식에 축하차 아버지를 비롯하여 모든 형제가 오랜만에 만났다. 보통 우리의 만남의 날인 제사 때도 각자 일이 있어 다 모이기 어려웠는데, 오늘은 우리 오 형제가 다 모였다.

즉석에서 기념으로 찰칵!

늙은 고모를 노래하며

흰 머리카락이 날린다.

그 곱던 얼굴에 주름이 가득하다. 세월을 보낸 자국이 얼굴에 역력하다. 주름 가득한 그 얼굴에 웃음을 가득 머금고 있다. 안았다. 보낸 세월의 향이 강하게 풍긴다.

고왔던 그 모습으로 성질 고약한 남편 만나 인고의 세월을 보냈던 고모. 그 고모가 불현듯이 조카인 날 보고파서 아들의 차에 몸을 싣고 오셨다. 나 어렸을 적 고모의 집에서 많은 신세를 지었건만……. 과거는 흘러갔다는 말처럼 그 고운 은덕 잊고 헤아리지 못하고 보낸 세월들.

고모, 보낸 세월의 저 편에 서 있는 분. 예민하고 불만이 많았던 그 세월의 한모퉁이에서 그 부드러운 미소, 어느 날이건 보여주었던 분. 삶의 인연의 고리에서 큰 눈물 가슴에 쌓였을 것이언만, 해탈의 경지를 맛보았던 분. 직계에는 그리 강함을 추구했던 사람이 이 조카

앞에서는 냉정한 가슴 표현치 않았다.

눈동자 활활 타던 그 빛 가슴에 안고도 아무런 느낌도 없었던 분이다. 그 변질된 마음의 신랑, 가슴에 안고 동백 아가씨처럼 가슴 검게 태웠던 분. 인연의 고리 묘해서 잠시 만난 그 짧음의 시간.

그리워라. 찾아온 고모. 그립고 애타는 모습 안고 있기에 그 황량한 뒷모습, 씁쓸한 모습에 한잔했다. 어쩌다 옛 모습이 잔잔한 마음에 노 젓는구나.

부르자, 밤 노래를. 뜬 태양은 언제나 지듯이 방향 몰라 우는 저 별빛과 새로운 여정. 나 또한 게슴츠레 눈 떠 보누나.

백발의 늙은 고모 앞에서 보낸 세월 아쉬워하며 날리는 머리칼 보며 씁쓸한 미소 짓는다.

꽃분이

꽃분이는 우리 집 말 이름이다.

사람 사이에는 감정이 있다. 똑같은 사람인데 누구는 좋고 누구는 그냥 싫다. 말도 그런가 보다. 이 말 '꽃분이'는 암말로 내가 논산의 승마 연구소에서 말을 탈 때 인연이 됐다. 그때 승마를 같이 하던 친구들 교대로 승마를 했는데 이 말 성질 까다롭게 등에 사람이 올라만 가면 요동을 쳐서 경력이 십여 년 되는 승마 교관도 쩔쩔맸다.

내 차례가 되어 올라타니 딴 사람이 타면 그렇게 몸부림을 치던 말이 신기하게도 가라면 가고 서라면 서는 게 아닌가?

모든 사람이 오르면 싫다 하던 말이 조용히 내 말을 따르는 것이었다. 그걸 보던 마장의 모든 식구들이 저 말은 내 것이란다.

그때 내가 갖고 있던 말은 백마였는데 과감히 백마를 주고 웃돈을 더 주고 샀다.

농장에 데리고 와 그날 마구간에 넣었는데 단속이 잘못되어 말이 모두가 잠든 때에 빠져 나왔었는데, 다른 말 같으면 처음 온 곳이라 열이면 열 다 도망가 찾으려면 땀 좀 흘렸을 것을…….

새벽 2시가 넘어 내가 숙소에서 자고 있는 중에 이상한 소리에 벌떡 일어나 나가 보니 마구간을 빠져나온 말, 도망도 안 가고 숙소 앞에 있다가 내가 나가니 좋다고 고개를 끄떡끄떡 하는 게 아닌가?

이런 사연으로 나의 가족이 된 '꽃분이'이다.

요즈음은 내가 바쁘기도 하고 춥고 승마에 대한 열정도 식어서 완전한 자유를 누리는 말이다. 농장에 꽃분이 몫으로 쳐 놓은 7~8백 평 되는 울타리 안에서 평화롭게 살고 있다.

논산의 마장에서는 한 달에 영양제 또는 항생제를 열 번 이상 맞고 살았으나 이곳 농장에 와서는 육 개월에 한 번 기생충 약만 먹일

뿐 주사 한 번 준 적도 없는데 건강하게 잘 살고 있다.

사람이나 짐승이나 잘 먹고 배부르게 사는 것보다, 사랑 속에 누리는 자유가 진정한 건강을 주는가 보다. 삶의 행복 또한 건강을 바탕으로 그릴 수 있는 것인가 보다. 그 모든 것은 또한 사랑 속에 있으리라.

고향의 강

눈 감으면 떠오르는 고향의 강. 때로는 황토 빛으로 흐르던, 때로는 하늘을 닮아 파란 빛으로 흐르던 고향의 강. 만선의 색색의 깃발 바람에 날리며 힘차게 다가오던 어선의 그림자 짙게 드리우던 강. 검은 얼굴에 이빨만 하얗던 어부의 웃음 날리던 강. 날갯짓하던 물새 울음소리 부딪치던 강. 많은 시간, 많은 역사 가슴에 안고 슬픈 이야기 되새김하며 흐르는 고향의 강. 우는 물새도 없이 그냥 그렇게 떠도는 배 안고 흐르는 고향의 강이여!

바다로 흘러, 그 큰 청운의 꿈 이루려 했건만 모든 것 흘려보내고 강가에 앉아 멍하게 보는 그 모습처럼, 흐르는 듯 흐르지 않는 고향의 강에 떠 있는 배.

산이되 산은 아니요, 동산이되 동산은 아니로다. 고향이 강경인 사람 누구의 가슴에도 살아 있는 옥녀의 전설 가슴에 주절주절 열리는, 고향의 가슴, 옥녀봉. 그 검푸른 강물 소용돌이치며 돌던, 강물의 깊은 속에 용이 숨어 산다는 전설에 혹시나 용에게 잡혀 먹힐까 봐 빙빙 돌아가던 깊은 강. 그 옆에 외롭게 떠 오는 어부의 배. 늦은 밤에 오는 임 마중하듯 그 길 밝혔을 등대. 그 꺼진 빛 그리워라.

고향을 찾는 세월의 인연에게 다시 한 번 옛날을 그리며, 시원하게 부는, 아직은 깨끗하고 상쾌한 고향의 공기, 싱그러운 바람 맞으며 걷는 고향의 발길. 그 누가 세월을 잡는다 하랴.

남포라 불리던 다이너마이트 터트리던 돌산. 그 육중하고 장엄했던 젊은 날의 몸매 어디 가고, 모든 낙엽 떨어지고 남은 마지막 잎새처럼, 남은 작은 돌덩어리여! 그대를 보고 슬퍼하노라. 고향의 강가에 외로이 걸어가는 저 길손아, 그대 고향이 어디냐 묻는다. 그 고향 사랑스럽냐고 또 묻는다. 네 고향 어디냐고?

그대가 걷는 발길에 시원한 강바람 불고 유구한 역사 가슴에 안고 기쁜 듯 슬픈 듯 흘러가는 저 금강의 강물이 흐르는 곳, 이곳이 내 고향이다. 잘난 것 없지만 그 강물 가슴에 흐르는 한, 그 강은 내 고향의 강이다.

길손이여! 내 고향은 강이 그냥 그렇게 흐르고 흐르는 강경이라네. 저 들리지 않는 강물의 소리 나는 듣는다네. 그대 저 소리 듣고 싶은가.

고향이 어디냐고 누가 묻거든, 내 고향은 가슴에 강이 흐르는 곳, 강경이라고 말하소. 들릴 걸세. 그 강물 소리.

등대

강가에 있는 등대다.

대부분의 등대는 바다에 있는데 이 등대는 고요한 강가에 있다. 왜 강가에 등대가 있는 것일까?

이곳은 내륙에 있는 포구다. 옛날에 새우젓 배가 많이 드나들었다는 서울 마포의 나루에도 등대가 없었기에 이곳 충남 금강의 강가 강경 나루터 등대는 아이러니다.

어려서 등대에 갈 기회가 많았다. 수영을 하러 가려면 나루터가 가까워서 배 타고 오가는 사람도 보고 개흙도 적고 바위가 많아 발도 별로 버리지 않는 등대 있는 곳을 거쳐 가는 곳이 수영하기 최적의 장소였다.

그 등대 옆은 아주 큰 돌산이 있었고 그 돌은 아주 좋은 돌이었다. 그래서 사람들은 수시로 다이너마이트를 터트려 돌을 채취해 갔다. 그 돌산 끝에 있었던 등대. 어린 시절의 눈으로 볼 때 등대

바로 밑은 검푸른 물이 소용돌이쳐 간혹 묘한 공포심을 주는 곳이었다.

'이곳은 물 깊이가 수십 미터나 되고 이곳에는 용이 산다 허니 혼자나 밤에 이곳에 오면 용에게 잡혀 먹히니 조심해라.' 하는 이야기를 어른들로부터 들었다. 그 뒤부터는 혼자 그곳을 지나갈 때는 되도록 멀리 돌아다녔다. 사랑 싸움을 많이 하던 옆집 아줌마가 자기 설움에 못 이겨 달려와 이승을 하직한 자리도 그곳이었다.

바람 부는 날이면 더 까맣고 푸른 물결. 더 넓고 무시무시한 바다를 한 번도 본 적이 없는 그때의 나로서는 그 등대 아래 강물의 색

깔과 소용돌이치는 그곳의 물결은 두렵기도 하고 무한한 호기심을 유발시키는 장소이기도 했다. 한 번씩 가까이 가서 돌아보고 싶은 신비한 매력이 있는 곳이었다.

동네 꼬마들이 모이면 간혹은 "가자 등대로!"하며 아이들과 달려가며 무서운 용의 이야기와 그 깊은 강의 소용돌이가 밤에는 지나가는 사람을 불러들여 사람을 빠져 죽게 만든다는 무서운 이야기 등을 했다. 무서워 속으로는 떨면서도 등대에 가서 그 옆 물속의 신비를 그려보던 전설의 장소였다.

그때는 등대와 돌산 사이에 피난민들의 집처럼 초라하고 엉성한 집들이 몇 채 있었다. 어린 나의 눈으로 볼 때, 그곳에서 사는 사람이야말로 무서움을 모르는 신비한 사람들로 보였다.

머릿속에 용을 그리고 호기심 반 무서움 반으로 빙빙 도는 강의 물결을 보고 공포의 호기심을 채우고 다시 갈대 사이를 달려 둑에 올라가 한참을 달리다 마지막으로 되돌아보았던 등대의 모습.

어린 눈에 바다보다 넓은 강을 등 뒤로 한 우뚝 서 있는 등대는 괴물 같은 로봇이요, 강의 수호자였다.

고향을 떠난 뒤 간혹 강을 찾았으나 언제부터인지 등대가 없어져 아쉬웠는데…….

몇 년 전 어느 날인가. 부여에 있는 선산에 성묘를 하고 고향을 돌아볼 때 눈에 확 띄는 등대가 다시 돌아와 예전처럼 날 반기는 듯 의연히 서 있었다. 읍에서 복원해 세워 놓은 거란다. 너무 반가워서 한동안 그곳에서 주변을 새롭게 음미했다.

지금은 소용돌이도 없어지고 깊은 곳도 강물의 흐름에 자연스럽게 메워져 잔잔한 물만 흐르는 밋밋한 강물을 보고, 예전에 깊은 강물이었을 때 용이 살았더라면 그 용이 어디로 이사가 살고 있나 하는 싱거운 생각도 해 봤다. 공포의 물의 소용돌이와 그 깊었던 곳에서 살았다는 용, 그곳에서 빠져 죽었던 영혼들, 새롭게 우뚝 서 잔잔한 물을 지키고 있는 등대.

강물과 시간과 용의 전설을 생각하며 서 있는 등대를 다시 한 번 올려다본다.

3부 무슨 꽃으로 피었다 갈까

바다와 휴대폰

격포 해수욕장에 갔다. 방학 중인 아들과 추억의 하루를 위해……. 매일 바쁘다는 핑계로 같이하는 시간이 적었는데 오늘은 하루 아내와 아들을 위해 쓰기로 하고 가까운 서해안 쪽으로 방향을 잡고 출발했다.

사람들이 많으리라 생각했으나 차도 적당히 빠지고 크게 붐비지 않았다. 다른 차들의 뒤를 슬슬 따라가다 주차하기 좋은 장소가 눈에 띄어 주차를 했다.

동네 상점에서 운영하는 무료 주차장이었다. 그곳의 상점과 식당을 이용하면 된단다. 바닷가에 가보니 썰물 시간으로 바닷물이 멀리 빠져 있다.

아들은 물속으로 들어가고 나는 바닷가를 걸었다. 미지근한 바닷물이 부드러운 모래와 같이 밟힌다. 이 바닷가를 걷는 것만도 건강에 좋겠구나 하는 생각이 든다.

먼 수평선과 그동안 가까이 하지 못했던 바다의 여러 자연 환경이 가슴으로 다가온다.

같이 온 아내는 "썰물 때 오니 밀물 때 바다보다 좋네." 한다.

바다는 인간에게 많은 평안을 주는 것 같다. '인류의 고향은 바다이다.'라는 글을 어디서 본 기억이 난다. 우리 인간의 모태이기에 바다는 우리에게 친숙함을 주는 것인가 보다. 밟히는 모래의 부드러움이 발바닥을 타고 올라온다.

바닷가 상점에서 사온 캔 맥주를 마신다. 시원한 청량감이 목젖을 타고 기분 좋게 흐른다. 잠시 일을 잊고 자연을 보고 즐기는데 나를 필요로 한 전화가 연속으로 온다. 마시는 맥주 맛도 음미하기 어렵게…….

잠시 전화를 끊을까 하다~오는 전화의 내용상 아니 바쁜 체하는 특성상 전화를 끊지 못하고 연속으로 오는 전화를 받았다. 단절시키기 어려운 문명의 산물인 이 휴대전화의 무서움을 이곳에서도 통감한다. 어디를 가나 피할 수 없는 휴대전화가 옆에 없으면 세상과 단절되는 느낌 때문에 피서를 와서도 과감히 단절이 어렵다.

한손으로 잡고 있는 맥주도 제대로 못 마시고 전화 받기에 열중인 나를 보고 아내가 웃는다. 뭔지 모르지만 바보 같고 불쌍하단다. "불쌍하기는 내가 좋아하는 나의 업인데……." 하고 맞받아쳤다.

바닷가에 와서도 일과의 연결을 못 끊고 전화 받느라 휴식을 제대로 즐기지 못하는 자신이 한편으로 안쓰럽다. 바닷바람이 안쓰러운 몸을 스쳐간다. 이렇게 여름의 한 날은 흘러간다. 멀리 수평선에 작은 배 한가롭게 떠 있다.

의리의 사나이

점심을 같이 하려고 특수 철을 취급하는 친구 사무실에 갔다. 몇 가지 이야기를 나누고 식사를 하려고 나가는 길에 "친구야! 이놈 봐라!" 한다. 이층으로 올라가는 쪽에 새까만 개가 옷을 입고 매어 있다. 그 옆을 보니 노란색의 똥을 똥글똥글하게 싸 놨다.

"웬 개냐?" 물으니 이번에 청주에 사는 친구가 중국에 나가면서 약 육 개월 후에 오는데 귀국 때까지 자기가 돌봐주기로 했다 한다. 그런데 이놈이 똥을 싸도 이층에 올라가는 입구에만 싼단다. 내가 말했다. "야 ~귀찮게 어찌 육 개월을 돌보냐! 그냥 된장 발라 버려라. 보신탕 좋아하는 놈들 많은데 한 그릇씩 돌려라!" 하니 안 된다 한다. 자기를 믿고 맡겼으니…….

그런데 이 개 태어나 이발을 한 번도 안 했나 이발하는 데도 이번에 10여만 원이 들었단다. 피부병이 있어서 전문적인 치료도 해 줬단다. 그리고 싫은 기색도 없이 똥을 삽으로 치우고 물 호스를 꺼내

냄새와 잔재를 없애기 위해 물청소를 한다.

괜찮은 인물이다. 친구의 개를 육 개월이나 잘 보살피며 싫은 내색도 하지 않으니, 머슴 삼돌이나 변강쇠처럼 생긴 인물이 뚝배기보다 장맛이라더니…….

내가 말했다.

"너 앞으로 돈 좀 벌겠다. 누런 똥을 이층집으로 가는 입구에 계속 싸대니. 똥은 돈의 상징! 이 개 덕에 너는 대박이다. 하하하."

같이 있던 친구들과 크게 웃었다.

나는 결코 붉은악마가 아니다

정말 오랜만에 보는 멋진 경기였다.

이전의 여러 경기는 계속 몰리든지 어떻게 요행으로 한 골을 넣고 그 뒤는 그 골을 지키느라고 안달하는 졸전에 답답했다. 여실히 드러나는 실력의 차이에 가슴 졸이기도 했지만 이번 그리스와의 경기는 여유를 갖고 여유롭게 응원한 오랜만의 상쾌한 경기였다.

앞으로도 우리 대표 팀이 이 정도의 실력과 여유로움으로 경기를 한다면 어느 팀이면 어떠리.

이번 경기의 즐거운 승리를 며칠 동안 온 국내의 모든 언론은 기쁨으로 특필했다.

어제는 차를 타고 가며 무심코 라디오를 켰는데 축구 이야기가 나왔다. 출연자와 아나운서가 하는 말 중 한 마디 말이 가슴에 파고들었다.

"우리 전 민족 7,000만이 붉은악마가 되어 응원했죠." 한다. 우리

전 민족이 악마가 되어 응원했다니! 아니다! 나는 아니다. 왜? 우리가 악마란 말인가? 우리는 악마가 응원하는 팀이란 말인가? 우리는 아무리 작은 것이라도 그것이 연속되면 그대로의 현상으로 나타나는 것을 안다. 그러기에 예부터 우리는 언행, 특히 말을 조심해야 하지 않았는가?

세상의 모든 것은 우리에게 말한다. 작은 습관 하나하나가 쌓여 그 사람을 만들고, 매일매일 하는 말 하나하나가 그 사람의 운명이 된다고.

우리 모두가 악마라면? 우리의 조상이 좋아할까? 신이 있다면 좋아할까?

사무실에 가서 '악마'라는 단어에 대해 알아봤다.

'악마', 사람에게 재앙을 내리거나 나쁜 길로 유혹하는 마물을 가리키는 말. 사람에게 해를 끼치는 귀신이라는 뜻으로 '마(魔)'와 같은 뜻이나 오늘날에는 주로 서양의 '데블(devil)'이란 뜻으로 쓰이고 있다. 데블은 소문자로 쓰는 경우와 대문자로 쓰는(Devil) 경우가 있다. 전자는 초자연의 힘을 가진 정(精) 또는 영(靈)으로 종류가 많은데, 한국에서 흔히 말하는 귀신이나 마귀도 이에 속한다. 소문자인 데블은 '데몬(demon)'이라고도 불리는데, 지역이나 민족에 따라 여러 가지 종교적 숭배나 속신(俗信) · 민화(民話)에 나타나며, 몽마(夢魔)나 흡혈귀(吸血鬼) · 마녀 등도 이 종류에 속한다. 이들은 중세 이래 귀신 연구나 악마 연구의 대상이 되어 왔다. 데몬은 그리스어의 다이몬(신 · 신성)에서 온 것으로 어원인 그리스어에는 악마 외에 선마(善魔)도 포함되었으나 그리스도교 시대 이후에는 악마라는 뜻으로만 쓰고 있다. 대문자로 쓰는 경우에는 그리스도교의 사탄(Satan)과 같은데, 헤브라이어의 '적(敵)'을 뜻한다. 사탄은 '루시퍼'라는 이름의 대천사(大天使)였는데, 신이 부여한 시련을 견디어 내지 못하고 인간세계에 떨어졌기 때문에 '타락한 천사'라고 표현한다. 가톨릭에서는 '악의 천사 사탄'이라고 불러 '착한 천사 미카엘'과 구별하고 있다. 프로테스탄트도 역시 사탄은 천사와는 반대되는 개념으로 이해되는데, 이 사탄은 악으로써 선을 파괴하고 신의 영광에 상처를 주므로 신과 인간에게는 공통된 적으로 보고 있다. 사탄은 모습을 자유로이 바꾸는데, 구약성서의 《창세기》에서는 뱀으로 모습을 바꾸어 하와(이브)에게 금단의 열매를 먹게 한다. 정체는 짐승의 몸이고 산양의 뿔과 갈라진 발톱과 박쥐의 날개를 가진 것으로 믿어지고 있다.

그런데 나의 친구가 악마요, 나의 여자가 악마요, 나의 자식이 악마요, 나의 이웃이 악마요, 길거리의 모두가 악마라면? 우리는 악마의 세상에서 사는 것이 아닌가?

아무리 그 내용이 좋더라도 우리는 '붉은 악마다.' 라고 하면 절대 안 된다고 생각한다. 농담으로도 '나는 붉은 악마다' 라고 하면 안 된다.

악마다, 악마다 하면 악마가 되는 것 아닌가? 착하다, 착하다 하면 착해지는 것 아닌가?

우리의 이웃이 악마이길 바라나? 천사이길 바라나? 만일 신이 있다면 악마가 응원하고 득세하는 곳에 미소를 보낼까?

붉은 악마가 설치는 곳을 우리의 조상은 웃고 좋아할까?

나는 우리의 축구를 열렬히 응원하지만 결코 악마는 아니다. 그리고 악마로 응원하지 않는다.

여러분!

우리는 결코 농담으로도 악마는 되지 맙시다. 국민의 한 사람으로 우리의 축구를 열렬히 응원합시다! 그리고 '붉은 악마'를 '붉은 천사'로 바꾸는 것이 어떨까?

육지의 마도로스

책상 위에 걸려 있는 그림을 본다. 배가 망망대해를 헤쳐 가는 그림이다. 바람을 이용한 범선의 항해다. 그림이 좋아 내 방에 걸어 놓고 한 번씩 본다.

우리의 인생도 파도치는 바다를 항해하는 것같이 인간으로 태어나 바다를 항해하는 것이 아닐까. 왕복의 항해가 아닌 편도의 항해일지라도……. 가는 그 길 부드러운 바람도 불 수 있고 또 거친 바람도 불 수 있다. 거칠다고 피할 수 있는 항해는 아니라 생각한다. 살아 있기에, 바람이 불기에, 파도가 치기에, 피할 수 없는 운명의 바닷길 아닐까.

바다 위의 배, 그 배가 아무리 커도 아무리 작아도 넓은 시각으로 보면 물 위에 가랑잎 한 장 아닐까. 불어오는 운명의 바람에 그냥 흔들리며 가는 물 위에 떨어져 흘러가는 하나의 잎. 앞날을 보고 최선을 다하며 운명의 바람을 맞는 것이 인생 아닐까. 배가 한 척이 가든, 두 척이 가든, 아니면 선단을 이루고 가든, 그 차이 무엇이랴. 같이 가는 마음에 위안이 되면 그만이겠지. 각 배의 운명은 그 배의 몫이리라.

어차피 파도를 헤치고 가는 운명, 멀리 수평선을 보고 부는 바람의 부드러움을, 귓가에 철썩이는 파도 소리와 더불어 느끼며 하늘에 떠 있는 구름과 갈매기도 보며 밤하늘에 무수히 박혀 있는 별들도 바라보고 고요하고 잔잔한 마음으로 인생의 키를 잡고 항해하는 것이리라. 넓은 바다와 주변의 자연 그대로의 모습을 볼 수 있는 시각으로 가슴을 펴며 우주의 향과 기를 힘껏 들이마시며 전진하는 항해. 그 무엇의 본질도 볼 수 있는 심미안으로, 입가에는 잔잔한 미소 띠며 운명의 항해를 지시하며 나가는 선장도 되어 보며, 운명의 신의 미소도 떠올려 본다.

서울에서 일박, 대전에서 일박, 함양에서 이박, 전주에서 이박, 부산은 바빠서 못 갔고, 이 일정이 나의 일주일 일정이다. 다음 주에도 이 흐름의 연속이리라. 혹자는 말한다. 완전한 떠돌이 인생이라고. 그렇다! 사업의 특성상 관리를 위해 이 지점을 가고 저 지점을 가는 업무를 반복하다 보니 그런 생활이 되어 버렸다. 현대판 김삿갓의 모습이 아닌가 생각도 해본다. 어느 한곳에 머물며 이런 일 저런 일을 하면 안정도 되고 여유도 있으련만 고속도로를 달리며 운전대를 잡는 손에 가볍게 장단을 맞추며 아는 노래를 흥얼거릴 때, 나는 옛 대륙의 유목민이 아닌가 생각한다. 흐르는 물처럼 달리는 말처럼 고속도로를 달리는 속도감을 만끽한다. 내가 좋아서 하는 일이요, 또한 즐길 수 있는 일이기에 최선을 다하고 나아갈 수 있지 않을까.

아주 옛날 어릴 적에 마도로스를 동경할 때가 있었다. 배를 타고 망망대해를 헤치고 다니며 오늘은 이 항구 내일은 저 항구로 잡는 풋 사랑 임을 뿌리치며 파이프 입에 물고 담배 연기 날리며 항구를 보는 바다 사나이 마도로스를……

푸른 바다와 파도를 가르며 달리는 배와 흰 물결, 그리고 수평선 위에 떠도는 갈매기, 그 모든 것들을 동경하고 그리워했기에 나 지금 이 인생의 배를 저어 몰고 가는 하나의 마도로스다. 선장이 되어 있는 기분이다. 밀려오는 파도를 헤치며 그 파도의 강약을 즐기며 큰 파도도 즐길 수 있는 노련한 선장의 가슴과 눈, 심장을 갖기 위해 노력한다. 어떤 순간이라도 평정심을 유지하고 입가에 잔잔한 미소 머금을 수 있는 인물인가 나는 생각해본다. 작은 일에 울컥할 수 있는 성질을 조금씩 버리고 가는 육지의 마도로스인 나, 거대한 배의 키를 잡고 항해하는 선장의 심정으로 잔잔한 미소와 평안한 마음의 시선을 갖고 고속도로 아니 주~욱 펼쳐진 인생의 길을 항해하는 나는 육지의 마도로스다.

승리자의 길

정신없이 며칠을 보냈다. 정말 생각할 겨를도 없이 장거리 운전과 술 그리고 오랜만에 가족들과의 대화로 이틀을 보내고 밤늦게 야간 운전 후 집에 오니 머리가 멍멍하다. 깊은 산길을 가다가 갑자기 길을 잃은 것처럼 어떤 길과 목적을 잠시 잃어버린 공황적인 머리 상태가 된 것 같다. 형의 자조적인 농담으로 한 노숙자들의 이야기가 갑자기 떠올랐다. 서울역에서 노숙자들이 말하길,

30대 노숙자 “마누라 카드 사용내역 확인하다 쫓겨났다.”

40대 노숙자 “반찬 투정하다 쫓겨났다.”

50대 노숙자 “저녁에 라면 끓여 달라다 쫓겨났다.”

60대 노숙자 “밤늦게 들어오는 마누라 보고 어디 갔다 오냐 묻다 쫓겨났다.”

70대 노숙자 “밖에 안 나가고 집에만 있다가 쫓겨났다.”

80대 노숙자 “눈 떴다고 쫓겨났다.”

이런 농담으로 크게 웃으며 다들 자신의 나이와 현실을 생각해보는 시간을 가졌다. 각자와 형수나 계수들과의 사이를 연결해보고 한두 마디의 실없는 농담으로 마무리는 했지만 새롭게 달라지는 여자들의 위상도 실감했다. 예전 같으면 형제들이 모이면 술을 좋아하는 집안이라 남자들은 시작부터 헤어질 때까지 술자리를 떠나지 않았고 여자들은 그 뒤치다꺼리로 보통 이틀씩 수고했는데……. 언제부터인지 술자리에 같이 앉게 되었고 어제도 노숙자의 농담에 서슴없이 나이별로 참여했다. 알지, 하는 무언의 공포성 물음에 형제 한둘을 떨게 만드는 강한 심장을 보였는데 형제들 각자 집안에서의 위상이 예전과는 모든 것이 달라졌다는 것을 실감을 했다.

껍질은 남자의 몫이요 알맹이는 여자들의 몫인 것을 현실이라고 생각해 본다. 어느새 여자들이 농담이라도 남자들을 마음에 안 들면 가차 없이 버리고, 그 농담 들으며 남자들 또한 "맞다! 맞아!"하는 좋은 세상이 되었단 말인가. 세상은 딱딱한 것과 부드러운 것이 만날 때는 꼭 승리자는 부드러움이라는 것 또한 많이 보고 살아왔다. 진정한 승리는 서로가 좋아야 진정한 승리지 어느 한쪽이라도 불만을 이야기하는 승리는 결국 문제를 만드는 승리로 패배가 될 수 있다.

사람의 마음도 그 대상에게 사랑을 느낄 수 있을 때 헌신이 나오지 권위나 명령으로는 한계가 분명 있으리라. 내가 가고자 하는 길, 그 길에는 많은 사람의 헌신적인 노력과 사랑이 따르는 일, 먼 길을 천천히 지치지 않게 걸어가려면 그 길의 옆에는 많은 사랑의 꽃이 피어 있어야 그 길이 즐겁고 흥겨운, 걸을 만한 길이 아닐까. 목적을 정해 가는 길이라면, 고행을 목적으로 수도하는 수도승의 길이 아니라면, 그 길 즐거움과 보람 그리고 인간으로서 느낄 수 있는 따뜻한 사랑이 가득 찬 길이 될 것이다. 인생의 길을 가는 여행자의 길로는 좋으리라. 멀지 않아 오는 봄날. 그 희망의 따스함과 생명의 환희 꽃피고 훈훈한 봄바람 불어 내 가슴에 스며들고 새들의 노랫소리 귓가에 울릴 때, 삶의 새로운 기운이 용트림하는 그날들처럼 내 봄날 같은 인생을 그려본다. 부드러운 사랑이 있는 삶의 길이 '진정한 승리자의 길'이다는 확신을 하며.

오늘은 후배 한 사람을 나무랬다. 인생을 한 번 정도 진지하게 투자를 하지 않느냐고, 삶이란 분명 긴 여정은 아닐진대 대충 대충 살기에는 너무 짧은 것이 인생일진대 받는 부분을 우선하고 내가 줄 부분은 뒤에 계산하냐고, 앞뒤를 바꾸어 볼 수 있는 것이 우리의 성공과 실패의 눈과 가슴이 아니냐고. 이것이다 싶을 때는 투자를 할 줄 아는 것이 좀 더 나은 삶이라고, 몇십 년 만에 많이 내렸다는 눈, 자연 속에서 한가롭게 살면서 보는 눈은 자연의 축복이고, 대도시에서 삶을 영위하는 대부분에게는 하나의 고통을 요구하는 겨울에 찬 음식 같은 눈, 오지 않으면 더 좋은 자연의 산물이리라. 눈이 오면 눈에 모든 것을 대비하여 출근도 일찍 하고, 비가 오면 우산이라도 준비하는 것이 삶의 과정이듯…….

놓이고 마련되는 이 인생의 여정에 방관자이듯, 그냥 바라보는 것이 최선이냐고. 잘난 듯 인생을 이야기했다. 삶의 승자가 패자에게 인생을 훈수하듯이. 그때, 나, 주량에 벗어나게 술을 마셨다. 나의 머릿속이 술이 취해 있었다. 무슨 말인지 모를 말을 하고 있었다.

개가 웃을 일이다. 개는 내리는 눈을 보면 짖는다지. 눈 내리는 밤이다.

용서하지 못할 자

어떤 글을 보았다.

'용서는 남을 위한 것이 아니라 자신을 위한 행동이다.'라는. 그 글귀를 보노라니 10여 년 동안 간혹 내가 속 좁은 인간인가? 하는 물음을 던지게 하는 사람의 얼굴이 떠올랐다.

어떤 계기로 친 아는 사람과 사업적 친구로 한동안 서로를 맞추어 보았으나 어느 부분이 도저히 같이할 수 없기에 정중히 양해를 얻어 결별하게 되었다. 그 이후 나는 전혀 생각지 못한 일을 당했다.

친구로서 자기를 내친 나를 용서할 수 없다 하고, 나의 거래처, 선·후배, 나를 아는 친구나 이웃, 나하고 연관된 모두에게, 대한민국 어느 곳까지 찾아가서라도 나를 어떻게든 망하게 하겠다고 했다. 그리고 각종 나의 치부와 음해성 이야기, 말도 안 되는 허위 사실로 오로지 나를 쓰러뜨리기 위해, 그 길만이 사는 목적인 양 2년 이상을 그런 행동을 하고 다녔다.

그 행동이 인간 이하의 행위라 철저히 무시했으나 너무 오랫동안 연속되고, 건들이지 말아야 하는 가족에까지 그 화살이 미쳐 법적으로 호소할까 했다. 그러나 인간이기를 포기한 자의 행동, 괴로워도 참자하고 전혀 반응을 보이지 않았다. 그렇게 2년 이상 나를 괴롭히다가 어느 이상이 되니 스스로 포기했다.

내가 그를 통해서 받은 괴로움, 중세 유럽이라면 목숨 건 칼로 결투를, 서부시대라면 총을 든 결투로 생사를 가르고 싶었다.

그때 먹은 마음은 절대 그 자를 용서하지 않으리라. 저 자는 절대로 용서받지 못할 자라고 생각하며 입술을 깨물며 맹서를 했다.

5년 정도의 시간이 흐른 뒤 그가 찾아왔다. 그동안 자기의 행동, 잘못된 행위 무조건 용서해 달란다. 그리고 용서만 해주면 예전처럼 지내고 싶단다. 그렇게 장기간 상대를 골탕먹이고 이렇게 쉽게 용서를 빌 수 있는지. 차라리 용서를 빌지 말고 그 행동 그대로 하나의 잊지 못할, 용서받지 못할 자로 남아 있는 것이 좋은데…….

백기를 들고 용서해 달라는 데 비록 겉은 웃고 악수는 했지만 그를 볼 수 있는 자리는 그냥 피했다. 그를 피할 수 없는 자리, 웃음을 띠고 손 내미는 그에게 나 역시 웃고 악수는 했으나 그것으로 끝내고 자리를 옮겼다.

그 뒤에도 간혹 기회가 오면 "용서해라. 그때는 내가 미쳤었다. 지금 생각해도 미안하다."는 그. 그를 며칠 뒤에 만나야 한다.

용서를 구하는 자를 용서 못하는, 굳은 가슴 풀지 못하는 나 또한 속 좁은 인물인가? 용서를 비는 그에게 가슴을 열지 못하는 나는 따뜻한 가슴을 갖고 있다 말할 수 있는가? 과연 그는 '용서하지 못할 자'인가?

마음 약해서

또 들었다. 보험이 20여 개는 되는 것 같다. 마음 약해서.

나는 마음이 약한 편이다. 하기에 직접적인 돈 거래는 되도록 하지 않으려 한다. 어떤 상대에게 모질어진다는 것은 참으로 어려운 일 중에 하나가 아닌가 생각한다. 상대가 부탁을 하면 거절이 어렵기에 부딕힐 분위기니 여건을 되도록 만들지 않는다.

오늘은 아침을 먹고 일정에 여유가 있는 날이라 아침 운동을 나갔다. 느긋한 마음으로. 한동안 봄치고는 날씨가 맛이 갔나 싶을 정도의 추위와 하루 걸러 한 번씩 비가 오는 우중충의 날씨의 연속이었는데…….

오늘은 요즘 보기 드문 날씨로 화창하고 봄바람이 따스하게 불었다. 자연을 즐기며 천천히 봄을 즐겼다. 겉옷을 하나 벗어도 좋을 정도의 날씨였다. 좋았다. 봄의 상큼함이.

전화가 온다. 비씨카드사란다. 고객을 위한 특별한 보험이란다.

이런 전화 때문에 작년에 든 보험만 열 개가 넘을 것이다. 작년 말에 보험의 액수를 떠나 술 한 잔 마셨다 치고 가볍게 상대의 간청을 못 뿌리치고 보험을 들었다. 아무리 내일의 그 무엇을 보장한다 해도 돈이 문제가 아닌 절제의, 절도의 미학으로 이제부터는 당분간 보험에 안 든다는 쪽으로 마음을 굳혔다.

그래서 그 속사포처럼 쏘아대는 전화 속의 상대에게 젊잖게 "내가 든 보험이 20개가 넘어 어떤 보험도 생각 없다." 그래도 상대는 멈추지 않고 특별한 고객만을 위한 특별한 보험이라고 설득한다.

"모든 경제권이 마누라에게 있다! 나는 허깨비이다!"라고 해도 상대는 숨도 안 쉬는가, 부담 안 되는 4만 원만 내면 되고, 보장은 왕창이란다.

대단한 사람이다. 하나의 보험 계약을 체결하기 위해 이렇게 상

대의 싫다는 말에도 아랑곳하지 않고 보험의 장점을 속사포 아니 대포 쏘듯 쏘아대니…….

작은 감동이 온다. 자기의 직업에 대한 투철한 의식, 가능성이 있는 상대에게 불도저처럼 밀어붙이는 적극성, 이 끈질긴 집요함, 대단하다. 나도 사업을 하고 있지만 이런 적극성이 있는 인물은 드물기에 좋아한다.

그 매력 때문에 나는 또 넘어갔다. '술 잘 마시는 나 한 번 술 안 마셨다, 생각하고 들을까? 내일을 위한 것이니까? 이 정도 지출은 충분하니까?' 나 자신에게 묻고 전화로 또 계약을 했다.

지겨울 정도의 5분 이상의 전화가 끝났다. 그 전화 속의 여인 대단하다. 칭찬하고 싶다. 나는 마음이 약한 자인가? 그래도 이런 약한 마음을 갖고 있는 내가 나는 좋다.

이 길 또한 한 상대를 위한 길 아닌가?

무슨 꽃으로 피었다 갈까

6월의 농장이다.

유월이 되니 참으로 아름답다. 생명의 표시 하나 없던 땅에, 푸르고 노란, 빨갛고 하얀 여러 꽃들이 얽히어 피어나고 진다.

시간의 흐름은 참으로 신비롭다. 죽음에서 생명의 흐름을 느낄 수 있는 것 또한 시간의 흐름에서 느끼는 것이 아닐까?

아무리 유능한 사람이더라도 겨울에 싹을 피울 수 없고 조금은 무능한 사람도 계절이 맞는다면 꽃을 피울 수 있다. 사람의 무능과 유능은 그의 시간 속에서 계절을 맞추는 감각이나 역량의 작용 아니 그가 갖고 있는 운이, 그 계절이 따뜻한 봄날인가? 겨울인가? 에 의해 이 자연처럼 확연히 달라지는 것 아닐까?

꽃길을 거닐어 본다.

그 모습 아름답고 그 향 감미롭다. 그 맑고 시원한 공기 가슴까지 깊게 스며든다. 상쾌하고 상큼하다.

걷다가 오디도 따 먹고 보리수도 따먹어 본다. 아직 익지 않은 자두도 따 그 감촉 느껴본다.

자연의 부드러움, 손끝과 바닥에 스민다. 생각해 본다. 나는 겨울에 꽃 피우려고 헛 노력한 사람인가? 이 좋은 날에 자연 속에서 나름대로의 꽃으로 나를 꽃피우는 사람인가?

또 피었다면 나의 꽃은 어떤 색깔 어떤 향을 지닌 꽃일까? 아니면 그 푸름으로 마음을 씻어주고 그 넓음으로 시원한 그늘을 주는 동산의 팽나무처럼 푸르고 푸른 향이 나는 깊은 가슴의 고목으로 우뚝 서서 그 향 전하는 나무나 될까?

싼 통닭 사려고 줄지어 선 사람들을 보고

통닭 한 마리 사려고 5~7시간을 기다렸단다. 그 싸게 파는 닭을 사려고 기다리는 줄이 100미터 이상이었단다. 롯데마트 앞에서는 타 치킨업소 사장들이 피켓을 들고 "우리 다 죽는다."고 시위를 했단다.

통닭이 싸다고 한 시간 정도 차를 타고 와 몇 시간을 기다리다 사간다니……. 그렇게 통닭이 맛있고 대단하단 말인가? 한 업체에서 통닭을 싸게 판다고 이렇게 전국적으로 난리인가? 그럴 만한 가치가 있단 말인가?

언제부터 우리가 통닭을 못 먹어서 안달이 난 민족인가? 티브이 화면을 통해 보이는 통닭을 사려고 줄을 서 있는 나이 드신 분들의 모습들이 왠지 서글프다.

이렇게 멋진 기업의 광고가 있단 말인가? 닭을 싸게 판다고 우리나라의 모든 매스컴이 난리라니. 통닭을 파는 전 업체에 비상이 걸려 머리띠 두르고 피켓 들고 목이 쉬도록 외치고 있다니…….

언제부터 우리는 어떤 흐름에 이리도 부산하게 한목소리로 한방향으로 가는 민족이 되었는가. 좀 싸게 파는 것이 있다면 그것이 그 기업의 미끼 상품의 전략이든, 구매자의 구미를 파악하는 연구 방법이든 나라가 들썩일 정도로 몰려든다.

차를 타고 지하철을 오르락내리락하고 닭 한 마리 사려고 길게 줄을 선 모습에 굶주려 죽기 전에 식량 배급 기다리는 불쌍한 아프리카 사람들의 모습과 겹쳐지는 것은 왜일까?

전화 한 통이면 여러 가지 종류의 요리가 몇 가지 서비스를 겸해 오는 그 치킨의 맛과 그 편리함이 몇 시간 고생하는 것보다 훨씬 가치가 있음을 모르는 행위다.

대형마트에서 싸게 파는 통닭 때문에 치킨 전문점들이 전국에 비상이 걸릴 정도로 호들갑을 떠니 그 업체의 신인도가 그렇게 약하단 말인가?

얼마 전 가을에 단풍을 보았다. 사철 푸른 소나무가 많은 산보다 여러 종류의 나무가 있는 산이 훨씬 아름답다는 생각이 들었다. 소나무만 있는 산보다는 여러 종류의 나무가 아름답듯이 어우러짐이 좋은 것 아닌가?

아름다운 여인이 있다고 하자. 여인들이 모두 군복으로 통일된 복장을 한다든지, 모두 같은 '몸빼'를 입는다면 얼마나 삭막할까? 참 재미없는 세상일 것이다. 돈이 좀 들더라도 다르게 치장하고 꾸미기에 여인들이 아름답고 세상에 활기가 넘치는 것 아닐까?

군 생활을 해본 사람은 알 수 있지만 하나로 통일된 모습에서는 진정한 평화나 멋은 없다고 본다. 개인의 자유로움이 없는 곳에서의 내일은 암울하다.

왜? 미국이 강대국인가! 그것은 타 국가보다도 많은 자유가 있기에, 능력이 있으면 무한한 신분 상승도 가능하기 때문이다. 사회는 다양하여야 한다. 반대도 있어야 한다.

연평도 사건을 보자. 왜? 우리는 극악하고 신경질적인 북한의 코 앞에 가서 대포를 쏘는 훈련이 그리 많은가? 꼭 그렇게 상대를 자극해야 되는가? 그것이 평화의 방법인가? 그 방법밖에 없는 것인가? 많은 국민들의 다양한 생각도 자연스럽게 받아들여야 한다고 본다.

통닭을 싸게 파는 곳도 있을 수 있다. 싸게 판다고 죽일 놈인가! 통닭 안 먹어 죽는 사람은 없으니 안 먹으면 안 되나? 이깟 문제로 이렇게 시끄러운 것은 우리의 냄비 근성인가?

통닭 싸게 판다고 흥분하지 말자. 그거 사람 현혹시키느라고 하는 거지 별거 아니다.

나는 오늘 편하게 전화 한 통으로 먹고 싶은 살 부위만 주문하여 가족들과 맛있게 먹으리라.

시간은 정말 소중한 것, 어찌 몇 시간을 통닭 때문에 허비해야 하는지 안타깝다.

4부 잘 살아라 그리운 여인이여

개업집 앞에서

개업하는 식당에 갔다.

개업 집에 갈 때는, 고심 끝에 가게를 여는 만큼 장사가 잘 되길 바라는 간절한 마음으로 간다.

마산이라 거리가 좀 멀었으나, 일정을 조절해서 부산의 업무와 연관시켜 시간을 만들었다. 이 좁은 대한민국의 땅덩어리 멀면 얼마나 멀겠는가. 마음의 거리에 비할 바 아니라는 생각이다.

인생을 살면서, 나이를 먹어가면서 느끼는 점은 인간의 관계처럼 마음이 차지하는 부분이 큰 것은 없는 것 같다. 마음에 드는 어떠한 사람의 부탁에는 손해도 감수하지만, 마음에 없는 사람과의 관계는 조그마한 손해만 있어도 선뜻 나서지 않는 것이 우리의 마음 아닌가 싶다.

마음이 가는 상대이기에 즐거운 마음으로 갔다. 몇 시간의 운전도 불편하지 않았다. 나의 피곤보다도 오늘 연 가게에 앞으로 많은 손님이 와서 대박나기를 바랄 뿐이었다.

이 개업집이 흘리는 땀만큼 보상이 오고 주인의 현명한 경영의 지혜가 고객과 더불어 기분 좋은 만남의 인연으로 이어져 오래 가기를 바라는 마음도 크다.

어두워져가는 마산의 길에 바람이 세차게 분다.

내가 가야 하는 개업집 앞으로 분다. 개업 집에 들어가기 전에 사진을 찍는다. 이 가게 앞으로 번성하라고. 부는 바람 복을 실어 이 집에 많이 날려 주길 바라며.

손님으로 붐비는 개업 집 문을 열고 들어간다.

변신만이 살 길이다

큰마음 먹고 바꾸기로 했다.

사람의 운명은 큰 변신에서 변화가 오는 것이 아니고 작은 변화가 하나하나 모여 그 사람 운명의 전부가 될 수도 있다는 것을 지금까지 살아오면서 깨달았다. 나의 운명을 위해 작은 변화를 주기로 했다.

지금까지의 나는 휴식 시간을 대부분 술을 마시는 데 꾸준히 사용했고, 술 마시는 자체를 즐겼다. 주어진 일을 끝내고 혹은 어느 자투리의 시간이 나면 마시는 데 주력했다. 끼리끼리 모인다 했던가. 그러다 보니 나의 주변엔 대부분 술에는 일가견이 있다는 인물들이 포진되어 있다. 술을 마시려고 4~5시간 차로 이동하는 것은 예사고, 술 마실 지점에 합류하여 밤 새워 마시는 일을 많이 했다.

또한 나는 농장을 주말에 술 마시는 장소로 활용, 적어도 6년 동안 오는 손님, 지인 또는 인연이 닿는 많은 사람들에게 돈 한 번도

받지 않는 오로지 술을 즐기는 모임의 성격으로 유지했다.

많을 때는 하룻밤에 소주를 큰 박스로 몇 박스를 먹고 마셨다. 토요일이면 고기 굽는 냄새가 진동할 정도로 마시고 어느 주말엔 30여 명도 넘게 마시고 자고 갔으니 수천 병의 빈 소주병이 팔려나갔을 것이다.

오십대 후반 이날까지 매주 토요일, 일요일이면 연속되는 행사였는데 신께서 잘 보아 주셨는지 지금까지는 건강과 그 외 생활에 수반되는 모든 일에 아무런 문제가 없었으니 내 인생은 복 받은 인생이다.

운은 연속하여 100년을 좋을 수 없는 법, 운이 나에게 따르는 것이 앞으로 많이 남은 나의 인생에 나를 위하고 남을 위할 수 있는 것. 이 운을 부르는 포석을 나의 인생을 위해 찾자 하고 생각 중 떠오르는 것이 있었다. 자주 많이 마시는 술, 이제는 나의 앞날과 몸을 위해 줄여야겠다는 생각을 했다.

왜? 옛날은 며칠을 새다시피 먹고 마셔도 몸에 부작용이 없었는데 요즈음은 많이 마신 다음날은 예전과 다른 몇 가지 이상을 느꼈다.

모든 일은 문제가 터진 다음에 봉합하려면 어려운 법. 사전에 술을 좀 줄여 마실까 하다가 술을 끊을 수는 없고, 기분 좋게 즐기며 건강도 생각할 수 있는 방법으로 머리를 스치는 생각이 있었다. '전통차를 마시자.'

취하지도 않고 몇 시간 기분 좋게 대화할 수도 있고 몸에도 좋고 술처럼 기분은 좋으나 다음날 헤매는 일도 없고 전통차 백 잔을 마셔도 맥주 두 병 정도의 양밖에 안 될 테니……. 그러다 술 생각나면 그 작은 잔에 좋은 술 대접하면 보기에도 먹기에도 좋고, 또 술을 싫어하거나 약한 분들도 같이 어울려 밤을 새워 많은 대화나 재미있는 여러 가지의 다른 것을 즐길 수 있지 아니한가에 무릎을 쳤다.

찻잔도 준비했다. 앉아서 마셔야 하는 전통차. 편하게 폼나게 마시려고 개량한복도 마련했다. 생활한복을 입고 찻잔을 앞에 놓고 전통차를 마셔 보니 한복의 편함에 놀랐다.

아무리 편한 옷, 반바지 아니 벗고 있는 것보다도 편한 넉넉함과 시원함이 양복의 바지에서 오는 불편함이 없이 자유롭다. 그동안 불편해 보이고 펑퍼짐하게 통 넓은 한복의 모양새 때문에 결혼식 때 딱 한 번 입고 버린 한복이 아깝다는 생각이 든다.

또한 커피처럼 책상 앞에서 편하게 즐기는 것이 아닌 자세를 잡고 여유롭게 찻잎을 적당히 식은 물에 풀어 점잔하게 상대와 나의 잔에 따라 마시니 조심스럽고 자연스럽게 대화를 격조 있게 할 수 있다. 커피 마시는 분위기와는 모든 공기의 흐름까지도 다르다.

어느 분이 나도의 예를 좀 배워라 했었는데 그때는 왠지 싫었다. 번거로운 것 같아서.

점잖게 앉아 편하게 마시는 것이 우리 차 마시는 법이지 일본에서 넘어온 다도의 하나로 지나치게 차를 마시며 격식과 예의를 추구하는 것은 짧은 식견이지만 우리의 문화는 아닌 것 같다. 이제 즐기기 시작한 전통차. 술은 많이 줄이고 대신 차를 많이 마시고 천천히 우리 전통차의 맛과 멋을 찾아 즐겨야겠다.

누가 말했던가. 변신 잘하는 사람이 현명하다고.

부드러운 그 막걸리, 개업을 축하하며

몸에 좋다는 -막걸리, 요즘은 이 막걸리가 건강과 맞물려 호평을 받고 있다.

고향의 친구가 광주에서 전통 막걸리 집을 열게 되었다. 친구들이 축하해 주기 위해 광주에 모였다. 장마철이라 비가 소나기 성으로 내린다. 광주의 무등산에 먼저 갔다. 무등산의 원효사에서 보는 경치는 너무 좋았다. 절 안의 넓은 정자에는 늦잠을 즐기는 사람도 있고 지인끼리 모여 담소를 나누는 사람도 많았다. 이곳 원효사의 넓은 전각, 많은 사람들과 친숙하게 어우러진 곳이기에 다른 절의 전각과 달리 따스함이 물씬 묻어난다.

길 안내자의 미숙함 때문에 쏟아지는 빗속으로 광주를 돌고 돌아 개업 집에 도착했다. 나오는 홍어무침, 호남의 유명한 돼지고기에 곁들여 먹는 삭힌 홍어의 싸한 맛이 코끝을 톡 쏘았다. 맛있는 음식과 무수히 나오는 안주에 이곳의 특산품이라는 부드러운 맛의 막걸리를 위장에 들어갈 자리가 없을 정도로 먹고 마셨다.

새로운 생각으로 즐기듯 나와 남과 더불어 인생을 논하며 또한 소득을 창출하려는 복합적인 생각으로 개업하지 않았나 생각되었다.

부담이 있을 수 있는 나이나 위치에 있으면서 시작한 용기에 찬사를 보낸다. 소주나 맥주에서 느낄 수 없는 텁텁함 속에 부드럽고 편안하게 느껴지는 막걸리의 맛.

다시 한 번 이 자리에 있는 친구들과 지인들을 보며 앞으로 이곳에 많은 분들의 활기가 넘쳐흐르길 바라며 막걸리 잔을 높이 들었다.

남자들이여 머리라도 길러 인생을 변화시키자

변화다.

예전에 나는 머리를 올백 스타일로 하고 다녔다. 그 머리 모습이 얼굴 생김새와 어떤 조화 때문에 조직폭력배 두목이나 큰 나이트클럽 사장으로 오인을 받곤 했다. 그래도 깔끔함이 좋아 기름이나 무스, 젤 등으로 삐치는 머리를 단정하게 달라붙게 하는 스타일을 고수했다.

세월은 사람을 변하게 하는 것. 하루하루의 생활에 누구의 간섭을 안 받고 살 정도의 요즈음엔, 나 나름대로의 색깔을 갖고 사는 방법을 고수하고 있다.

우선 복장은 나이에 걸맞지 않지만, 청바지를 즐겨 입는다. 의외로 주변의 친구나 지인 모든 사람들이 잘 어울린다고 하니 이제 나의 일상복이 됐다. 청바지가 자연스럽게 나와 내 주변에 익어가자 이번에는 자연인의 상징이자 자유로운 영혼의 상징으로 머리를 길러

보아야겠다고 생각했다. 왕창 길러 꽁지머리를 할까도 생각했으나 꽁지머리를 한 사람들을 보니 90%로는 지저분하고 무언지 모르지만 고리타분한 사고의 소유자 같은 느낌이 들어 묶지 않을 만큼만 기른다.

미장원에는 갈 생각도 안 했던 내가 자연스레 미장원에 가서 머리 손질도 한다. 이발소만 고집하던 어느 날, 이발소는 자연스레 없어지고 미장원이 남자나 여자의 머리를 손질하는 세상이 도래할 것 같은 생각이 들었다. 장기간 단골로 다니던 이발소를 뒤로하고 미장원에 가보고 놀랐다. 깨끗하고 상쾌한 시설 , 밝은 분위기, 근무자의 격식 있고 절제된 태도, 그들의 자유로운 머리나 복장의 멋 등. 요금을 계산함에 있어서도 현대적인 시설 등은 이발소에서는 눈 씻고 찾아보려 해도 없는 모습들이었다. 거기서 나는 또 하나

배웠다. 변하지 못하는 것은 시설이나 조직이나 인간이나 불쌍해진다는 것을.

남자를 봐라 얼마나 불쌍한가? 젊어서는 모든 것을 지배하는 것 같으나 변화에 약한 고집들이 있어 가정적으로도 보면 젊어서는 봐줄 만하게 힘쓰는 것 같으나 늙어갈수록 힘이 약해지면서 변화에 강한 여자에게 또는 자식들에게 퇴출되는 신세가 아닌가?

우리나라의 수도 서울의 모습을 봐도 그렇다. 여자는 나이를 먹을수록 주머니가 두툼해지나 남자는 변화에 약하다는 것 때문에 대부분 종로 3가 전철역에서 지나가는 아가씨 다리나 물끄러미 쳐다보며 옛날을 그리워하는 처량한 신세가 아닌가?

이런 것이 다 변화를 못 받아들이는, 변화를 못하는 데에서 오는 것이리라. 많은 남자들이여! 우리도 머리를 기르고 옷도 자유롭게 입고 자유를 추구하고 변화를 즐기는 변화의 달인이 되어 인생을 삽시다.

그대 자전거를 타세요

한마디로 너무 좋다. 황홀하다. 자연을 다시 볼 수 있는 눈이 생겼다. 자유로운 자연인임을 느꼈다. 이리 좋은 걸 그동안 왜 몰랐나 싶다.

이것이 나의 자전거 예찬이다. 요즈음 내가 자전거에 빠져 자전거를 타고 틈틈이 잘 닦여진 강가를 달리다 보니 예전에는 전혀 볼 수 없었던 자연의 아름다움을 새삼 절실히 느낀다. 차로 달리면 그 속도 때문에 자연을 대충 봤다. 또 걸으면서 봐도 피곤감이나 걷는 속도의 한계로 보는 부분만을 볼 수밖에 없었는데 자전거를 타니 나의 다리 힘이 동력이 되어 달리는 맛도 걷는 맛도 정지해 느끼는 맛도 볼 수 있으며 혼자 자유로이 가다 서다도 마음대로이다.

걸어서는 가봐야 공원 한두 곳이었으나 이 자전거를 이용하니 하루면 시내의 웬만한 멋진 곳은 다 볼 수 있다.

어제는 아직은 단풍이 덜든 가을이지만 멋진 공원들의 큰 나무 아래 쌓인 낙엽, 가을의 풍경을 실컷 느낄 수 있는 공원 두 곳에 가 낙엽 위를 걷고 그러다 자전거로 그 위를 달렸다. 낙엽 바스러지는 소리와 짙게 풍기는 그 향취가 가슴에 깊이 젖어들었다. 요즘 자전거를 즐기는 분들과 달렸던 도시 강가의 아름다움, 갈바람에 흔들리는 갈대, 작게 또는 크게 피어 살랑거리는 가을꽃들의 모습, 강가에서 낚시하는 사람들의 한가한 모습, 연인 또는 친구 혹은 아이와 같이 걷고 있는 모습, 다리 아래서 장기나 바둑 또는 화투를 치는 사람들, 강에서 열심히 자맥질하는 백로, 왜가리 또는 청둥오리 그리고 이름 모르는 물새들, 높고 푸른 하늘 그 안을 나는 철새들의 모습, 이런 모든 모습을 보았다.

이동의 완벽함, 길의 넓고 좁음에 관계치 않는 자전거의 그 편리한

이동성이 나를 기쁘게 한다. 자연의 아름다움을, 숲을, 나무를, 두 눈으로 넓고 또는 좁게 주위를 보는 눈을 갖게 됐다.

자전거 동호인 한 분은 이렇게 말한다.

“내가 자전거를 타고부터 새로이 태어났다. 가고 픈 곳 자유로이 가지, 예전에 못 보던 자연 맘껏 느낄 수 있지, 이 좋음에 몸이 떨린다.”고.

사업을 하다, 몸이 안 좋아 택한 것이 이 자전거인데 현명한 선택이었고 요즈음은 차를 별로 타지 않고 대부분 자전거로 활동한단다. 자전거도 5대를 갖고 있단다. 달리는 용, 산책용, 동네 타고 다니는 용 등등. 지금 타고 있는 자전거도 1,500만 원짜리란다. 자신은 다리에 힘이 있는 한 자전거와 같이 할 거란다.

공감이 간다. 내가 아는 모든 분에게 권하고 싶다.

“자전거를 타세요. 새로운 눈이 뜨이고 새로운 가슴이 열리며 자연을 다시 느낄 수 있습니다. 자전거를 타고 강변을 달리고 경치 좋은 곳을 달려 보면 살아 있는 기쁨을 느낄 수 있습니다. 그대 자전거를 타세요.”

잘 살아라 그리운 여인이여

을숙도가 보이는 부산 낙동강의 끝 지점이다.

가을이 가는 강가에는 풍요보다는 쓸쓸함이 깃들어 있다. 오랜만에 온 부산이다.

나는, 가장 젊어 모든 활동이 최고의 절정에 있을 시 부산에서 생활했다. 이곳 부산에서 구포다리를 건너 둑길을 따라 대동 수문까지 걷곤 했다. 그때 구포에서 대동까지 왕복으로 운행했던 유람선에서 흘러나오는 구성진 유행가 소리를 들으며 강가를 걷노라면 강이 주는 흥취를 물씬 느낄 수 있었다.

그 강가는 봄날에 많이 걸었다. 바다야 경치 좋은 혈청소 바닷가, 걷기 좋은 태종대 그리고 젊음을 느낄 수 있는 광안리 바닷가 그리고 사람들을 보고프면 갔던 해운대나 동백섬으로 가는 길도 좋았지만 태어나고 자랐던 고향과 같은 낙동강이 보이는 이곳을 좋아했던 것 같다.

부산을 떠나 오랜만에 요즘 취미로 푹 빠진 자전거를 타고자 내가 농장에서 주로 쓰는 지프차에 자전거를 싣고 부산에 업무 차 왔다. 일을 끝내고 낙동강 가를 달리고자 왔는데 문득 정들었던 강을 보니 자전거로 달리기보다 문득 옛 생각이 나 차는 안전한 곳에 그대로 두고 길을 따라 걸어 보았다.

옛날이 그립다. 20여 년 전, 어떤 젊음과 한편으로 묘하게 다가오는 쓸쓸한 마음의 미묘함을 갖고 그냥 걸었던 길. 지금은 얼굴도 가물거리는 옛 여인과 걸었던 길. 나의 젊음이 아스라이 남아 있는 듯한 강가의 그 길을 걸어 보았다.

얼굴은 기억이 나지 않는데 그냥 걸었던, 바람에 펄럭이었던 치마의 모습과 수줍어하면서 즐겁게 웃었던 그 환한 미소가 생각이

날까? 지금은 남의 부인이 되어 중년의 모습으로 살아가고 있을 그 여인을 한 번 그려보며 변했을 모습을 상상하며 싱긋이 웃어본다.

한 번쯤은 보고 싶지만 보면 실망할 것 같아 보기는 망설여진다. 물론 찾기도 어렵겠지만…….

가만히 생각해 보면 내가 여자 복은 있었나 보다. 나빴던 여인보다 친절과 헌신으로 나를 좋아했던 여인들이 많았던 것 같다. 나는 그 여자의 위치가 좋거나 어여쁘더라도 여인의 진실이 안 보이면 잡아도 될 여인도 참고 내쳤던 것 같다. 지금도 가벼운, 진실이 없는 여인은 마음속으로 경멸에 가깝게 생각하면서 보는 경우가 있다.

이 나이에도 아직 마음에서 우러나는 미소와 진실된 사랑을 주고받을 여인을 그리워는 것은 소년적인 사고를 벗어나지 못하는 미숙한 마음 때문인가 싶다.

강이 푸르다. 바람이 강물에 물결을 일으킨다. 그 바람 내 가슴의 강에도 물결을 일으키니 갑자기 옛 여인의 모습 스친다. 하늘에다 그 모습 그리며 말해본다.

"잘 살아라~그리운 옛 여인이여!"

차를 몰고 강가를 떠났다.

밤늦은 플랫폼 잘 가라 손짓하는 그녀

기차가 조용히 움직인다. 그녀가 차창 밖에서 손을 흔든다. 아쉬운 이별이다. 나도 손을 흔든다. 언제 만날 지 모르는 이별이다. 잘 가라며 손을 흔들던 그녀 모습 보이지 않는다.

창밖으로 흐르는 불빛을 보며 나는 조용히 말한다. '다시 볼 때까지 안녕.' 웃는다. 싱긋이.

이런 이별의 장면을 떠올리며 나는 야간기차를 이용한다. 직업의 특성상 일주일에 한 번 정도는 서울에서 대전으로, 부산에서 대전으로 기차를 이용하는데 대부분 간 김에 몇 사람을 만나고 대화도 하고 어떤 부분을 매끄럽게 한다는 명분하에 저녁 식사와 가볍게 한 잔 하고 취한 상태로 대부분 막차를 탄다. 모든 일을 일단은 마감하고 기분 좋게 술도 한 잔 했고 막차이기에 아무도 없는 플랫폼을 바라보며 기차가 출발하기를 기다리면…….

마음은 조용해지고 어떤 이별의 느낌이 와 차창 밖의 어둠과 흐르는 불빛을 바라보며 머리로는 많은 상상을 하며 야간의 마지막 기차를 이용한다.

요즈음은 막차를 이용하는 미모의 여인을 마음으로 그리고 그 여인이 가는 나를 아쉬워하며 플랫폼에서 재회를 이야기하며 부드러운 미소와 손짓으로 배웅하는 그림을 그려본다. 이 쓸쓸한 막차를 이용하여 목적지까지 가는 내 기분도 좋다. 이별을 아쉬워하는 그녀가 때로는 눈물을 훔치며 또 만나기를 바라며 잘 가라고 하는 모습을 상상하며 기차가 출발을 하면 그 가상의 여인에게 잘 있으라고 또 만나자고 손짓을 하면 왠지 가슴도 따뜻해지며 기분도 좋아진다.

헤어지기를 아쉬워하는 그 여인의 잘 갔다 오라는 배웅을 받고 그 모습 떠올리며 창밖을 바라볼 때에 밝은 어둠과 드문드문 보이는

불빛이 조용히 흐르는 밤의 모습.

가슴에 들어온다.

이런 마음으로 나는 야간열차를 이용한다. 또다시 볼 그녀를 그리며 기차에서 내리면 그날의 피로는 들어올 공간이 내 가슴에는 없다. 이것 또한 야간에 기차를 이용하는 나의 특권이리라. 이런 마음으로 여행을 하는 나는 아직은 젊은가?

장어 낚시와 빗소리에 취한 날

장어 낚시를 하려고 연못에 갔다.

농장에서 키우던 토끼가 아래 과수원으로 넘어가 콩싹을 다 먹어 치운다고 강력한 항의가 들어왔다는 관리소장의 이야기에 낚시는 대만 드려놓고 일단 토끼부터 잡기 위해 친구와 과수원에 갔다.

토끼를 발견했는데 거리나 목표물이 있는 곳이 최상의 조건이라 너무 쉽게 잡는 것 같아 미리 기분이 좋아져 한 번 웃고서 저 토끼, 요리를 무엇으로 할까? 하는 기분으로 방아쇠를 당겼는데, 아뿔싸! 너무 방심한 탓인가. 토끼를 놓쳤다.

그런 뒤 숨은 토끼는 한 시간 이상을 찾아도 어느 굴속에 숨어 있는지 찾을 수가 없었다.

아쉬움이 남았지만 내일 잡으리라 생각하고 연못에 와 낚시로 장어를 열 마리 이상 잡았다. 어둠이 내릴 무렵 철수했다.

아침에 눈을 뜨니 비가 폭우처럼 내렸다. 어젯밤 늦게까지 마시고 잠에 들었다. 새벽쯤 잠결에 들리는 빗소리가 너무 감미로웠다. 느낌으로도 많이 내리는 비인 것 같았다.

빗소리가 가슴으로 촉촉이 들려 아침 9시까지 일어나지 않았다. 주인인 내가 일어나지 않으니 모두들 각자의 잠자리에서 나름대로 이 농장의 자연과 쏟아지는 빗소리와 그 비에서 풍기는 추억을 맡으며 자고 있는가 보았다.

"9시까지는 다들 자자. 빗소리 들으며."

10시 정도 일어나 차를 마시며 아침 대화를 나누었다. 밖의 폭우로 낚시도 산책도 할 수 없으니 부침개에 막걸리를 마시자는 의견이 나왔다. 빈대떡도 준비하고 한 분이 막걸리를 사와서 비 내리는 모습을 보며 잔을 높이 들어 건배를 했다.

오랜만에 마시는 막걸리다. 비가 주룩주룩 내리는 농장에서 마시는 막걸리 맛 끝내줬다. 아주 부드럽게 목을 타고 내려간다.

막걸리 5병을 나누어 마셨다. 아침 겸 점심은 배불러 한 시간 후에 먹기로 하고 화투 칠 사람은 치고 좀 더 잘 사람은 자기로 했다.

나는 올라오는 부드러운 취기를 느끼며 좀 더 자기로 했다. 빗소리는 자장가이다. 자귀나무 사이로 밖을 본다. 시원한 비다. 이곳은 한동안 비다운 비가 없었는데 토끼를 잡으려 갈까 하다가 비에 약한 토끼 굴속에서 나오지 않을 것 같아 포기하고 낚시도 다들 초보라 취소하고 빗소리를 음악삼아 인생살이의 대토론과 실없는 농담들을 주고받았다.

폭우다. 한 사람이 논 옆에 나와 있는 우렁이를 잡아 왔다. 잡은 것이 아니라 논길에 나와 있는 우렁이를 주워왔단다. 10분도 안 걸려 우리 7명이 충분히 먹을 양을 잡아 왔다. 즉석에서 된장국을 끓여 아침 겸 점심을 먹었다. 꿀맛이었다. 비는 계속 시원하게 내렸다.

어느 휴게소에서

휴게소에서 커피를 마신다.

우리나라 고속도로 휴게소처럼 발전이 많은 곳도 드물 것이다. 음식의 맛, 청결도 직원의 친절. 어느 휴게소는 식사 중에 피아노까지 연주해주는 곳도 있고, 따스한 숭늉 서비스에 녹차를 주는 곳도 있다. 이렇게 좋아지다니 새삼 놀랍다. 비데가 설치된 화장실을 사용하고는 놀라고, 입의 침이 음식물에 떨어지지 말라고 입을 가리는 투명 마스크를 보고 우리 민족의 순발력을 보는 것 같았다.

맛이 없고 배가 고파서 억지로 먹지 않으면 안 되었을 때가 엊그제 같은데, 각 지방의 향토 음식을 먹을 수 있으니 일류 식당 못지 않다.

감사하고 좋은 일이다. 나처럼 고속도로를 자주 이용하는 사람에게는 하나의 축복이다.

그리고 서울의 어느 유명한 커피 전문점처럼 갓 볶아낸 원두를 이용한 커피를 마실 때는 그 즐거움 또한 참으로 크다. 커다란 휴게소의 창을 통해 들어오고 나가는 차를 보고 있자니 하나의 멋진 풍경이 된다.

저들은 어떤 용무로 고속도로를 달리다 휴게소에 들르는 걸까? 나도 나의 확실한 목표가 있는 인생을 살고 있듯이 저들도 저들의 분명한 목표를 향해 나름대로 열심히 달리겠지.

산다는 것은 무엇일까? 사람마다 길은 다르겠지만 내 삶은 이렇다. 이 앞에 놓인 커피를 마시면 이곳에서 보내는 시간이 10분이든 20분이든지 그 순간을 기쁘게 즐기는 것이다. 그리고 빠르게 볼일을 보고 목적지를 향해 가는 것이다. 주어진 시간 속에서도 항상 여유를 찾고 차를 마시는 이 시간. 평온한 마음으로 주어진 시간 즐기다 가는 것도 삶의 여유가 아닐까?

하여, 나는 휴게소에 들리면 되도록 천천히 여유롭게 걷고 느긋한 마음으로 마시고 평온한 마음으로 주변을 본다. 바빠도 그 속에서 여유를 찾는 훈련을 한다. 그러기에 지나가는 꼬마들을 만나도 꼭 웃어준다. 아이들을 보고 웃는 연습을 자연스레 하는 것이다.

밖은 춥지만 안은 따뜻하고 점심시간이 한참 지나 좀 한가한 휴게소 식당의 넓은 식탁에서 자리잡고 앉아서 마시는 차 한 잔의 맛도 일품이다.

차도 마셨으니 점잖게 천천히 일어나 느긋하게 걸어 애마를 타고 나의 목적지를 향해 간다.

배꼽을 통해 오는 산바람

아들과 산길을 걷는다. 산길을 걸으려면 첫째는 복장이다. 강렬한 햇볕을 막는 되도록 긴 윗옷을 입고 바지는 풀이나 나무에 상처를 입지 않도록 두터운 청바지를 입는다. 토요일에 농장에 온 막내 아들하고 산에 가는 길. 오늘은 아들과 좋은 길을 걷자고 반바지에 편한 복장으로 나섰다.

가면서 칡넝쿨도 끊고 잡초를 제거할 벌목도를 하나 차고 아들도 벌목도 하나 두르고 산에 갔다. 장마철이라 딴 지방에는 비가 많이 왔다는데 이곳은 습도만 높고 비가 안 온다. 후덥지근한 날씨에 산길 걷는 나에게 부는 바람이 상쾌함을 느끼게 한다.

"보아라! 도시의 바람하고 이 얼마나 다르냐?"하고 물으니 아들, 정말 시원하고 기분 좋아 바람이 이렇게 좋은 것을 새삼 느낀단다. 그리고 묻는 말 "벌목도로 무엇을 없애나요?" 한다.

"자연은 좋은 것과 나쁜 것이 상존해 있기에 나쁜 것은 없애고 좋은 것은 살려야지 아니면 몇 년 안 되어 산을 버린단다."

"사람도 자신의 장점을 살리고 단점을 버릴 때 성공하지!"

아들이 묻는다.

"아빠! 아빠는 성공한 사람인가요?"

갑자기 당황했다. 그러나 바로 대답했다.

"아니! 부분적인 것은 몰라도. 그리고 아빠는 지금도 진행형으로 가슴속에 아빠의 꿈을 갖고 지금도 노력하는 사람이지!"

"그럼 아빠는 나중에 성공하겠네."

아들을 보고 웃었다. 그리고 나의 꿈을 다시 떠올려 봤다. 멀리 가까운 곳에 있는 나의 목표를.

부는 시원한 산바람이 배꼽을 통해 가슴으로 들어오는 것 같다.

작은 실수 후

느낌이 이상하다.

눈을 번쩍 떴다. 열차가 천천히 움직인다. 주변을 둘러본다. 눈에 익지 않은 풍경이다. 승무원도 볼 수 없다. 좌석에 앉아 있는 승객들 대부분 자고 있다. 아차, 싶다. 서울역 출발 KTX 10시 30분 출발 열차를 탔으니 대전에 11시 30분 도착인데 시계를 보니 11시 40분이다.

대전을 출발한 것 같다. 어찌할까. 특실에 안내하는 여 승무원 하나 없다. 처음 KTX가 생겼을 때는 한 차량에 한 명 정도의 여승무원이 있어 음료수 및 도착 지점에서 깨워주는 서비스를 받았는데 승무원 파업 이후로는 돈 버는 부분은 비약적인 발전이 있었으나 서비스 부분은 비약적인 후퇴(?)를 했다. 경영 부문 1위라 하는데 어떤 1위인가 묻고 싶다.

한참 후 여 승무원이 와 전후 사정 이야기를 했더니 동대구에서 갈아타야 한단다. 그것도 KTX는 끝났고 동대구에서 12시 25분의 무궁화를 타고 대전으로 되돌아와야 한단다. 대전 도착 시간은 오전 2시 30분 정도란다.

달리는 고속의 열차에서 뛰어내릴 수도 없고 할 수 없이 다시 좌석으로 돌아와 멀리 흐르는 듯 빛나는 건물들의 불빛을 보았다.

잠도 다 달아났다. 서울역에서 고객과 가볍게 한 잔 한 것이 피로와 맞물려 잠으로 왔나 보다. 이런 실수를 별로 하지 않는 나인데…….

멍하다. 고속으로 달리는 열차의 바람 가르는 소리만 귓가에 흐른다. 이것저것 망상만 지루하게 하다 동대구에 도착, 다시 대전으로 가는 열차에 몸을 실었다. 아무런 계획이 없이 비몽사몽간에 얻은 시간이라 가방에 있는 책을 볼 마음도 없다.

무료한 시간 멍하니 창밖을 보니 이 시간에도 열차를 이용하는 사람들이 있다. 그때 열차를 출발시키려는 역무원에게 한 젊은이가 뛰어간다. 아~하! 나와 같은 사람인가 보다.

내가 탄 객실의 창가가 가까워 그 소리가 작게 들린다. 나하고 반대다. 부산에서 출발한 기차 중간에 내려야 하나 잠이 깊이 들어 지나친 것 같고 그 역무원은 차가 끝났으니 아침 5시 이후가 첫차니 기다리다 타라 한다. 그 청년 시내 나가려고 아침에 열차를 이용한단다. 김천역에서의 일이다.

야간열차에서 흔히 있는 일이리라. 그렇게 지루하게 대전에 도착했다. 주차장에 가니 새벽 3시가 가깝다. 대전의 숙소에 가려다 이 늦은 시간 숙소에 가 조금 자다 아침에 농장에 가느니 늦더라도 농장에 도착하여 좀 쉬고 오늘 일을 하는 것이 합리적이라 생각하고 밤의 고속도로를 달려 함양의 농장에 갔다.

한 번의 실수가 하루의 모든 계획을 확 바꾸어 놓은 것 같다. 사람이 실수를 않고 살 수 있으랴만 잠깐의 잠 때문에 시간의 낭비가 너무 많다.

새벽 4시가 넘은 시간 흥취라도 돋우려 벚꽃이 좋다는 백운산 길로 차 하나도 없는 산길을 택해 갔다. 아직은 덜 핀 벚꽃, 눈도 슬슬 감기니 차창 앞의 꽃 느낌이 없다. 아름다운 감성도 마음이요, 그 마음의 눈도 여유로울 때 환한가 보다.

농장에 도착하니 새벽 5시다. 잠잘 생각뿐 다른 생각이 없다. 목이 마를 때는 물이 최고이리라.

5부 사람 값

백마강에서

세계 대백제전이 열리고 있는 부여에 가 보았다.

그냥 백제전이라 해도 될 것을 왜 '세계 대백제전'이라 했는지 의문이 날 정도로 뭔가가 모자라고 볼거리도 무언가 핵이 빠진 듯했다. 김 빠진 맥주를 마신 듯 그냥 좀 실망스러웠다.

비록 그곳에서 자라지는 않았지만 출생지로 각별한 애정을 갖고 있는 곳이 부여다. 우리가 부여하면 생각나는 것이 백마강, 고란사, 삼천 궁녀의 한이 어린 낙화암, 계백장군, 오천 결사대이다.

백제, 어찌 보면 삼국에서 제일 약하고 무른 국가가 아니었나 싶다. 넓은 대륙의 기상을 갖고 있던 고구려, 화랑도 정신으로 무장된 신라에 비하면 과연 백제는 어떤 정신으로 뭉쳐졌던 국가였을까? 생각해 보면 별 강한 기상도 없었고 뛰어난 리더도 없었던 자꾸 살림살이를 줄이는 망해가는 상가처럼 수도를 서울에서 공주, 공주에서 부여 등으로 안전을 위해 후방으로 옮기다 결국은 망한 우리의 고대 국가가 아니었나 싶다.

진취적인 사고와 굳건한 아니 내일을 볼 수 없는 리더와 지도층의 무능이 결국은 한 나라를 망하게 하지 않았을까?

결국은 밀려오는 적에 의해 불타는 성, 도망갈 곳 없는 망국의 수도에서 힘없는 궁녀들, 그 꽃다운 나이에 푸른 백마강 물에 치마로 얼굴을 감싸고 떨어져 갔을 그 삼천 명이나 되었다는 아름다운 궁녀들이 꽃잎처럼 휘날렸던 자리 낙화암. 그 모든 것을 안고 유유히 흐르는 무심한 배 한 척 떠 있는 백마강. 삼천궁녀의 한을 씻어주듯 들리는 고란사의 종소리. 망할 나라, 내일이 없는 나라의 장수, 죽으려 전장에 나가며 처와 자식을 베고 황산벌에 나가 적과 싸우다 죽은 계백장군. 대부분 계백장군을 영웅으로 보는데 시각의 차이는

분명 있겠지만 5,000의 결사대와 같이 죽은 장수, 죽기로 하고 싸움터에 나가 부하들 모두와 같이 죽은 장수, 온 가족을 다 죽이고 싸움터로 나간 그 굳은 기상은 알겠지만 가족 다 내 손으로 죽이고 내 부하 다 죽인 장수를 영웅시하는 것은 처절하게 죽을 각오로 마지막을 장식한 마음을 받들었겠지만 앞으로 나는 그런 장수나 지도자는 우리 민족에 나오지 않기를 실상 바란다.

유능한 장수나 지도자는 국민을 살리고 최악이라도 약한 국민의 앞을 위해 머리를 쓰는 지도자지, 우린 졌다, 지는 쪽은 고생할 바에는 내 손으로 죽인다, 이런 지도자가 많으면 그 국가는 잘 나가도 언젠가는 끝이리라. 오늘은 울어도 좋다 내일은 웃으리라 하는 국민이나, 나는 괴로워도 너는 나중에 웃어라~하는 부모의 희생이 있었기에 오늘날의 우리가 존재하는 것이지 않을까?

그 계백장군의 후손들 조상을 잘못 만났던 것은 아닐까?

죽을 길밖에 없었을 오천의 군사 마음은 어떠했을까! 장군도 죽을 각오로 가족을 다 죽이고 나온 판에 그 아래 군사들의 마음에는 어서 죽기만 바랐을까!

천여 년이 지난 지금에도 그 죽음의 공포 속에 죽을 각오로 싸웠을 군사들의 절망과 살기를 타의적으로 체념한 그 절망감을 지금의 나도 느낄 수 있다.

아! 죽을 길밖에는 없었을, 체념적인 눈빛으로 창을 잡았을 군사들의 그 슬픔도 이 백마강에 흐르고 흐르리라.

그 망하는 나라의 불타는 성의 연기 속에서 쫓기고 쫓기며 창과 칼날에 아니 강물에 사라졌던 그 영혼들이 대백제전의 눈부신 축제의 불꽃에, 그 흥겨운 음악에 섞여 춤추고 있는가?

간간이 비가 내린다. 축제의 백마강, 오늘도 고란사의 종소리 들린다.

삼천포

삼천포다.

지금은 사천시로 통합되어 사천이라 불리지만 나에게는 삼천포라는 말이 훨씬 정겹게 다가온다. 예전에 유행가에서 많이 듣던 '돌아와요 내 삼천포 내 고향으로~' 라는 노래의 구절이 생각나는 곳이다.

어떤 분을 만나러 이곳에 왔다가 일찍 온 남쪽의 봄이 푸른 바다 속에서 조용히 가는 모습을 본다. 윗 지방은 아직도 봄이 멀었건만 여기는 봄이 저만큼 가고 있다.

오는 봄, 가는 봄.

오지도 않은 곳이 있지만 가고 있는 곳도 있다. 가만히 쳐다본다. 떨어지는 꽃잎을. 그 빛 눈부시도록 흐드러지게 피어 오는 봄을 노래했던 벚꽃이 상처를 입은 듯 가벼운 멍이 들어 있다. 그 멍든 잎 바닷바람에 조용히 한 잎 또 한 잎 떨어지고 있다.

항구는 이별의 상징인가?

내 마음 유난히 맑고, 청명한 날씨와 쪽빛의 바다를 보며 정든 임과 눈물을 흘리며 이별하는 아가씨를 생각하며 이곳 삼천포의 이른 봄을 떨어지는 벚꽃과 그 이별 아쉬워 속으로 푸르게 멍드는 바다를 본다.

어떤 헤어짐이든 이별은 슬프고 서러운 것. 가는 임과 눈물을 흘리며 손수건 흔들며 이별하는 삼천포의 아가씨를 마음속으로 그리며 바다로 날리는 꽃잎과 더불어 수평선을 바라보다 발걸음을 옮겨본다. 나에게 잘 가라 손짓하는 아가씨를 마음으로 그려보며 인사한다.

'삼천포 아가씨! 안녕히.'

가는 임 서러워도 꽃잎 그 앞에 뿌려주는 곱디 고운 그 마음인 양 가는 길에 벚꽃 휘날린다.

내장산

단풍이 서서히 익어가는 내장산에 산악회를 따라 갔다. 아직 산에 적응이 덜 된 다리 때문에 약 한 시간을 걷는 오르막길에 주위 사람들을 귀찮게 했다.

먼저 가라고 해도 부득불 같이 오르자 하며 간혹은 앞에서 끌고 뒤에서도 밀어준다. 이 광경을 보던 한 회원이 "사상님은 악 자 들어간 산, 설악산이나 치악산은 못 가겠네요." 한다.

'천만의 말씀, 사나이 가는 길 어디 늦음이 있으리오. 노력해 다리 힘 좀 길러 알프스나 킬리만자로 같은 해외에서 힘 좀 쓰리라. 조금 기다려 봐 주세요.' 라고 속으로 말했다.

무엇이든지 늦게 가는 길이 오랫동안 갈 수 있고 멀리 갈 수 있으리니.

까치봉이란다.

내려다보는 경치가 한마디로 가을이다. 이렇게 멋진 풍경에도

시 한 수가 떠오르지 않으니 애석하다. 그래도 마음속으로 한 구 절 읊었다.

아름다운 하늘에 / 떠가는 가을 구름 // 구름을 따라 나는 낙엽 / 차고 시원한 바람 / 가슴에 스칠 때 / 내 마음 낙엽과 구름과 하늘과 바람 되어 난다.

지쳐서 입맛도 사라졌으나 누군가 가져온 김치 맛에 반해 한 그릇을 비웠다. 산 위의 단풍보다 내장사에서 출구 쪽으로 가는 몇 킬로의 길이 단풍으로 아름다웠다.

대부분 사람들이 무엇이 바쁜지 여유롭게 걷는 사람 없고 풍경 좋은 곳에서 사진 찍기 바쁘고 걷는 걸음들이 나는 듯하다.

단풍도 여유롭게 즐기지 못하고 저리 바쁘게 걸으려면 동네 뒷산

에서 걷기나 하지 왜? 왔나 궁금하다. 모든 사람들이 너무 빨리 걷기에 내 걸음도 빨라진다. 축지법을 쓰듯이 빠른 걸음으로 입구로 씩씩대며 갔다.

우리를 기다리는 장소에 가니 등산 뒤풀이 라고 막걸리와 족발을 내놓았다. 갑자기 찬 기온 어설펐지만 막걸리 몇 사발 들이켰다. 땀이 식어 벌벌 떨며 마셨다. 기온이 차도 막걸리의 걸죽한 맛은 그대로였다. 찬 가을바람이 산을 휘감는다.

비 내리는 전주 덕진공원

연꽃으로 유명한 전주 덕진공원에 갔다.

봄을 재촉하는 비치고 꽤 많은 양의 비가 내렸다. 공원엔 빗속에서도 적적하지 않을 만큼의 사람들이 있다. 맑은 날의 공원보다 훨씬 더 운치가 있다. 팔짱을 끼고 걷는 연인들이 보인다. 비 오는 공원의 데이트. 그들의 중요한, 오랫동안 간직할 좋은 추억을 쌓는 시간이겠지. 걸음걸이도 편하고 서서히 적셔오는 구두의 감촉도 그리 크게 불편하지 않다. 공기도 부드럽고 선선하다. 삼 일 전만 해도 추웠는데 이 짧은 시간에 장갑을 끼지 않아도 손이 전혀 시리지 않은 날씨의 변화다. 우리의 어려움도 이렇게 순간적으로, 극적으로 좋은 쪽으로 반전시킬 수 있다면……. 그렇게 해야지 하며 웃어본다.

어려움이 별것이랴? 어려움이 사라질 그 순간을 기다리지 못하는 짧은 식견, 앞날을 봄으로 바꾸지 못하는 능력의 부족, 이런 요인의

복합적인 여러 가지가 인생의 봄날을 더디게 하는 것은 아닐까?

바람에 날려 우산 속까지 들어오는 봄비의 감촉 또한 새롭게 느껴진다. 얼굴의 털을 간지럽게 한다. 봄의 향기 중 하나이다. 코를 벌름벌름해 본다. 봄의 향내 깊게 맑은 공기로 가슴 깊이 들어온다. 한참을 걷노라니 멋진 정자가 공원 연못의 가장 좋은 위치를 차지하고 서 있다. 현판에 '취향정'이라는 안내판이 붙어 있다.

이 정자는 전주의 대표적인 친일파의 한 사람 '박기순'이 1917년 자신의 회갑을 축하하기 위해 세웠고, 그는 이 정자에서 지인들과 시회를 열고 술자리를 마련했다. 못에 배를 띄우고 덕진공원의 풍류를 즐겼으며 해방이 되어서야 이 공원의 모든 것이 그의 손을 떠나서 전주 시민의 손으로 들어왔단다.

정자에 올라 봤다. 일제강점기에 지었다는 시들이 걸려 있다. 친일파들 이 공간에서 시를 쓰고 웃으며 먹고 마시는 모습들이 머릿속에 그려진다.

어느 색깔의 소유자였던 모두 흔적도 없이 갔구나, 친일파든 아니든 가는 것은 똑같은가 보다 생각하니 그냥 실없이 웃음이 나온다.

비를 즐기며 우산을 쓰고 걷는 평화로움을 깊이 느껴본다. 어느 정도의 시간이 흐르면 저 말라비틀어진 볼품없는 연대들도 아름다움으로, 짙은 생명으로, 그 환희 이 공원에 푸르고 밝게 활짝 축복의 꽃으로 피겠지. 그 생명의 힘찬 박동이 공간에 활짝 필 때 그 기운 실컷 음미하기 위해 다시 와야지 다짐하며 비 내리는 공원을 걷는다.

등산

산에 갔다. 땀 좀 흘렸다.

전날 자전거를 무리하게 탔기에 등산하기에는 무리였다. 친구와 자전거를 탔는데 난코스를 데리고 다녀 자전거 처음 타는 나 죽을 둥 살 둥 땀 흘리며 몇 시간을 따라 다녔다.

다음날 온몸이 쑤시고 당기고 걷기도 불편했으나 이미 되어 있는 약속이라 등산에 동참했다. 올라가는 데 10분도 안 되어 벌써 다리가 팍팍하고 숨이 가빠 오기 시작하더니 몸이 천근만근처럼 무겁기 시작하는데 앞길이 깜깜했다. 도저히 못 간다고 포기를 할까 하는 생각도 들었지만 그래도 명색이 사나이 아닌가. '아이구, 아이구.' 절로 나오는 소리를 꾹 참고 입술을 한 일자로 하고 눈에 힘을 주고 일행의 제일 꽁지에서 헉헉대며 뒤쫓아 올라갔다.

포기할까? 하는 생각을 몇십 번 했으나 100미터만 참고 가서 포기하자, 또 100미터만 더 가서 생각하고 포기하자, 하면서 내 자신을

채찍질하면서 겨우겨우 올랐다.

등산에는 산의 높고 낮음을 이야기하기 전에 그 사람의 체력의 문제가 아닌가 싶다. 삶에도 나에게는 쉬운 일이고 놀면서 할 수 있는 평범한 일도 다른 사람에게는 어렵고 힘들 수 있지 않은가. 나하고 다르게 살기에 보는 시각에 따라 답답함을 느낄 수 있지만 술 잘 먹는 나는 못 먹는 사람을 한심하게 보았으나 시각을 조그만 바꾸면 이 야트막한 산을 헉헉대며 오르는 나를 한심한 눈으로 보는 일행의 시각과 다르지 않으리라. 남과 다른 처지, 그의 현실의 처지를 보고 평가할 수 있는 시각을 가져야겠다.

헉헉대며 괴로움을 견디며 걸었기에 주변의 자연에 조금도 신경이 안 갔다. 지금 생각해도 주변에 돌이, 나무가, 꽃이 폈던가 안 폈던가 기억이 없다. 빨리 산행이 끝나기 바랐고 정상이 빨리 코앞에 나오기만 바랐다. 죽지 못해 겨우겨우 걸었는데 그래도 정상에 도착했다.

기념으로 사진도 찍었다. 내려오는 길은 갈 때와 달리 좀 쉬웠다. 다리는 후들후들 거렸지만 날 듯이 내려왔다.

왜 올라갈 때와 내려갈 때가 이리도 다른가? 인생의 길도 이럴까?

봄날은 간다

용띠가 여섯 명이다. 자칭 여섯 마리의 용이란다. 일부는 오래된 친구이고 일부는 오늘 만났다.

음악을 알고 음악 속에서 생활하는 색소폰의 달인과 친구를 통해 인사를 나누고 친구로 지내기로 하고 술 한잔을 했다. 이 친구 속도 깊고 말도 통하는 인물이라 즉석에서 술자리를 이동해 농장으로 가기로 했다. 농장에서 내가 한잔 내기로 하고 이 사람 저 사람 열 명이 몇 대의 차를 이용해 농장으로 자리를 옮겼다. 술을 충분히 내놓았다. 많은 대화와 건배를 했다. 10월의 마지막 날 만난 이 인연을 위해 술잔을 높이 들었다.

술을 마시다 자연스레 일과 인생 그리고 우리들의 나이에 대해 말했다. 흘러가는 시간의 빠름과 아쉬움에 대해서도…….

우리의 봄날이 가는 것을 아쉬워했다. 그러다 "자, 우리의 봄날은 갔다. 그 봄날을 그리워하며 우리 합창으로 「봄날은 간다」를 노래하자."

다들 박수를 쳤다. 다 같이 큰소리로 노래를 했다. 우리의 그날의 감성과 너무 잘 맞았다.

"연분홍 치마가 봄바람에 휘날리더라. 오늘도 옷고름 씹어가며 산제비 넘나드는 성황당 길에. 꽃이 피면 같이 웃고 꽃이 지면 같이 울던 알뜰한 그 맹서에 봄날은 가~안~다."

노래를 끝내고 한두 잔 술을 더 하고 또 「봄날은 간다」 노래를 하고, 그 봄날들을 아쉬워하며 건배를 하고, 또 그 노래를 하고 좀 있다 누군가의 선창에 또 「봄날은 간다」를 노래했다.

열 번을 불렀는지 스무 번을 불렀는지 좌우간 연속으로 많이 불렀다. 목청껏 소리내어 누군가는 상도 두드리며 흥겹게 그 무엇인가를 아쉬워하는 마음으로…….

많은 술을 마셨다. 다들 취했다. 술자리를 끝냈다. 갈 사람 가고 남아 잘 사람 자기로 했다. 가는 사람 배웅을 해주고 나서 나도 대취해 겨우 옷을 벗고 침대에 쓰러졌다.

늦세까지 잤다. 오진 10시인데 아직까지들 자고 있나 밖에 기척이 없다.

일어났다. 머리가 띵하다. 속도 쓰리다. 어제 너무 마신 것 같다. 속이 울렁거린다. 어제 계속 불렀던 노래가 멍하게 울린다. 어질어질하다. 침대에서 내려온다. 다리에 힘이 없다. 기지개를 크게 켜고 생각해 본다.

'그래 우리의 봄날은 갔다. 그래도 아직은 남은 봄도 조금은 있는 것 아닌가? 그 남은 봄날을 위해 아침 먹고 속 차리자. 나의 남은 봄날을 위해 웃자.'

사람 값

연속적으로 지겹게, 조금씩 자주 내리는 비가 새벽 3시 대전 근방의 고속도로에 깔린다.

서울에는 오지 않던 비가 논산 가까이 오자 내리기 시작한다. 이렇게 비가 내려 대지를 촉촉이 적시고 그 다음 화창한 햇빛이 비추어 준다면 좋겠지만 하루는 비, 하루는 흐리고 또 하루는 가랑비, 이런 날씨가 10여 일 넘게 지속된다.

서울에서 업무 관련 야간 회의를 마치고 예전 같으면 꼭 소주 한 잔을 하고 자고 왔으나 야간의 고속도로를 달리는 것도 색다른 맛이 있을 것 같아, 밤 깊은 고속도로를 달렸다. 지방으로 내려올수록 밤의 고속도로는 한적하기에 무엇인가를 생각하기에는 더 없이 좋다.

간단하게 요기라도 하려고 휴게소 식당에 들어갔다. 식당 홀의 양쪽은 불이 꺼져 있고 중앙 부분만 불이 켜져 있다. 손님 두 분이 김이 나는 음식을 먹고 있다. 간단한 음식을 시키자 계산대를 가리

키며 돈을 내고 주문서를 가져 오란다.

계산대로 갔다. 아가씨가 계산대 앞에서 깜빡깜빡 조는 것 같다. 그 앞에 가서

"손님이 오셨는데 눈을 떠야제." 하고 실없는 농담을 던졌다. 졸던 아가씨 깜짝 놀라면서도 싱긋 웃는다.

"어서 오세요."

순발력이 대단히 좋은 아가씨다.

"졸다가도 이렇게 예쁜 미소를 짓다니. 대단한 아가씨네."

하자, 더 크게 싱긋 웃는다. 나도 웃었다. 그 순간 얼마 전의 일이 떠오른다.

어떤 여 사진작가의 작품에 「나목」이라는, 모든 잎이 떨어진 쓸쓸하고 외로운 겨울에 큰 한 그루의 나무 작품을 보고 '좋은 세월 다 보낸 별 볼일 없는 50대의 여자 모습 같고 혹 이것이 작가의 모습이 아닌가?'하고 평을 했다. 노발대발 자기의 모든 작품을 들고 사라진 속 좁은 얼굴이 생각난다. 농담도 좋지만 아무나에게 농담을 했다가는 망신인데 이 아가씨 속도 좋다.

기분 좋게 음식을 먹고 나왔다. 밤이 무르익는 고속도로를 달린다. 별 이유도 없이 환하게 웃던 아가씨의 미소가 떠오른다. 즐겁다. 어떤 얼굴인지 벌써 잊었지만 그 미소만 환하게 남았다. 웃음 하나로 남을 즐겁게 하는 것, 이것이 인간의 값 아닐까?

나에게 미소를 주었던 그 아가씨 복 많이 받고 잘 살라고 속으로 빌며 밤의 고속도로를 달렸다. 사람 값이 별건가?

계룡산 등반기

오랜 세월 주색잡기에만 빠졌다가 어느 날 차에서 내릴 때 다리가 후들거리니 아차! 싶었다.

관리를 잘해 99세까지는 현역으로 살고 100세가 되면 스님으로 120세까지 살리라고 장담했는데, 내 자신에게 다짐하고 주위에도 선전포고를 했었는데…….

이대로 지낼 수는 없다는 생각이 들어 그래도 일주일에 다른 지역보다 좀 오래 있는 대전에서 서서히 체력을 단련해야겠다는 다짐을 했다. 우선 가까운 산부터 가기 시작했다. 그리고 자전거도 탔다.

자전거를 타기 시작한 지 어언 3개월. 이 정도면 어느 정도 다리가 단련되었겠지 하는 마음으로, 친구와 산에 가기로 했다. 대전에 있는 산 중에서는 가장 기가 세다는 산. 그러기에 무속인들이 많이 와서 빌고 기를 받는다는 계룡산. 갑사로 해서 동학사로 넘어 오는

길을 택해 등산을 하기로 했다. 같이 가는 친구가

"갑사에서 동학사로 가는 코스만 주행하면 반 등산가로 볼 수 있고, 너의 체력도 검증이 되는 것이다."라고 했다.

겨울 날씨이지만 춥지도 않고 안개만 아스라이 낀 날씨라 머리까지 맑아지라고 오늘은 모자도 없이 당당히 갑사를 출발, 등산을 시작했다.

'까짓 계룡산이야 한 발이지.'

갑사는 가을의 아름다움으로 유명하다. 지금은 겨울의 문턱, 낙엽은 떨어져 황금의 색깔로 바닥에 깔려 바닥이 화려하고 밝게 보인다. 가을의 아름다움으로 유명하다는 '갑사'를 끼고 도는 산길. 입이 떨어져 나목으로 우리를 반기는 모습도 겨울의 아름다움을 한층 더 빛내준다. 잎으로 둘러싸인 나무의 아름다움이 있지만 이렇게 전혀 가림막이 없는 모습의 나무야말로 원초적인 아름다움을 준다. 이 나목의 아름다움이 있듯이 인간의 노년도 잘만 가꾸면 새로운 멋진 모습을 줄 수 있는 것 아닌가 싶다. 나도 나를 가꾸고 단련시켜 멋이 샘처럼 솟아나는 인간으로 노년을 보내기 위하여 노력해야겠다. 그 중 하나로 자연을 가까이 하며 자연의 흐름과 그 기운을 내 것으로 하여 자연의 냄새가 향수처럼 부드럽게 스민 인물로 만들어야지 하는 생각을 하며 걷는다.

아직도 푸른 소나무도 있고 꼿꼿한 모습으로 옛 선비의 상징이었던 대나무도 보인다. 그리고 '오 헨리'의 『마지막 잎새』처럼 한참 가버린 끝자락의 나무에 한 잎이 아닌 붉은 단풍이 운치를 느낄 정도로 많은 잎이 그 나무에 달려 있다.

인생도 살아가는 데 있어 실력도 중요하지만 경우에는 실력보다는 치밀한 끈기가 필요하리라. 이 단풍잎도 끈기로 나무에 붙어 있어 가는 등산객에게 흥취를 주니 참 기특하다.

날씨 좋지, 자연의 아름다움 느낄 수 있지, 마시는 공기 달콤하지, 꽃피는 봄날의 공기처럼 훈훈하며 시원함이 섞여 있어 아이스크림처럼 부드럽지, 남은 붉은 단풍의 잎새와 잎 떨어진 나무의 모습과 어우러지는 능선의 아름다운 이 자리에 있음이 행복하다.

전통 가옥이 보인다. 자연물의 하나처럼 자리를 잡고 있다. 가서 자면 평안함을 주며 잠도 잘 올 것 같다.

나도 100세가 되면 저런 멋있는 전통의 가옥을 경치 좋은 곳에 한 100평 지어 그 속에서 전통차를 마시고 주변의 아름다움을 보며 찾아오는 후학들에게 인생의 진수를 이야기해 주고 조언과 충고도 해줄 수 있는 그런 여유로움으로 살아야지 하며 주변을 둘러보았다.

세상에 쉬운 것 하나도 없다더니 어느 정도 걸으니 몸에서 열이나 시원하던 기분은 사라지고 온몸에 땀이 난다. 다리는 슬슬 풀리고 숨은 가빠 오고, 힘은 빠지고, 술 마시고 노는 것만은 못하다.

더위가 벌겋게 얼굴에 오른다. 산에 오면 남의 도움을 받을 수는 없다. 그 누구도 내 대신 산을 넘을 수는 없다. 어차피 풀어진 다리, 가빠 오는 숨, 아직 많이 남은 산길. 내 길. 내가 가야만 되는 길. 꼭 가야 되는 길이라면, 꼭 넘어야 되는 산이라면, 호흡도 조절하고 내 식으로 즐겨야 하리라.

편한 마음으로 이 산의 흐름도 마시며 즐겁게 걷기 위해 주변의 풍경을 아름다움으로 보며 가슴에 넣고 그 풍경 보약이 되어 마음의 힘 솟아오르도록 한다.

겨울 계룡산, 아름다워라.

바람 세찬 봄날

찌뿌드드한 날씨다. 바람도 세차다.

4월에만 변덕의 날씨일 줄 알고 5월은 맑고 고운 날씨를 기다렸건만. 그놈이 그놈이고 저놈이 저놈이라더니…….

따뜻한 봄날을 그려왔고 당연히 봄날이면 따뜻하려니 생각했던 많은 사람을 실망시키는 날씨다. 우리의 변덕스러운 인생 계절 같다. 따뜻할 것 같지만 춥고 추울 것 같지만 햇살이 비치고 어둡다 싶으면 서광이 비치고, 희망과 절망, 고난과 기쁨이 교차되는 변덕이 팥죽 끓듯이 뒤섞이고 있는 엉터리 같은 봄날이 인생이 아닐까?

나는 봄날이 다 간 사나이가 아니고 그래도 봄날이 조금 남은 사나이인데……. 얼마 전에 나하고 같은 봄날 이 조금 남은 친구 놈들과의 이야기 중에, 한 친구 "내 지금도 팔팔한데 그만 일하고 나가란다. 더럽다." 라고 한탄했다.

내가 말했다. "야~자슥아! 니가 계속 봄날일 줄 알았냐? 흐르는 계절을 읽어야지. 멍청한 놈."

잘 나갈 때는 개폼에 똥품까지 잡고 공직에 있다고 어깨 힘 주던 놈이다. 인간이 확 쪼그라들었다. 내가 "앞으로 아우야, 라고 불러야 되겠다."고 농담을 했다.

사람은 그가 입고 있는 직책이나 권위가 그의 겉모습인가 보다. 그 겉껍질 벗으면 너무 초라한 경우가 많아 놀란 적이 있다. 어깨에 별을 달고 있었을 때의 당당함이 퇴직을 하고 양복을 입고 만났을 시 매미 껍질만 남아 있는 인간의 모습, 그 작아진 인간의 왜소함에 내가 당황스러워했던 적이 있었었다. 그래서 나는 옛 무사가 아슬아슬하게 머리 위에 칼을 매어놓고 언제 칼이 떨어질 지 모르는 아찔한 아래에서 생각과 공부를 하고 마음을 단련시켰듯이 어떤 상황에서도 의연하게, 늠름하고 여유롭게 대처하고자 마음을 다잡는다.

아무리 급해도 웃음을 잃지 않는 사람으로 살려고 노력하지만 이런 소리 하는 나도 어려움이 파도처럼 온다. 그러나 어쩌리. 내가 내 운명의 주인이자 선장이거늘.

오는 파도, 부는 바람 즐기며 항해하여야지. 운다고 고통이 즐거울 건가? 운다고 문제가 해결될 건가?

오늘은 마음 단련하고 세차게 부는 봄바람 맞으러 강가나 걸어야겠다.

바람 세차게 부는 봄날이다.

라이언 일병 구하기와 아들

「라이언 일병 구하기」.

스티븐 스필버그 감독, 톰 행크스 주연의 전쟁 영화다. 이 영화를 극장에서 보았다. 나는 그런대로 보았지만 우리 와이프는 중간에 보다 나갔다.

각종 포화에 처절한 죽음, 떨어져나가는 사지들, 죽이지 않으면 죽는 젊은 군인들.

삶의 여유와 낭만은 존재할 수 없는 살점이 휘날리는 전쟁의 공포스런 상황을 너무 적나라하게 보여 줘 나도 가벼운 쇼크를 일으킬 정도로 실감나게 만든 전쟁 영화다.

한 명의 일병을 구하기 위해 목숨을 버릴 수밖에 없는 군인들의 임무를 위한 죽음. 죽음도 그냥 한 발의 폭탄에 흔적 없이 날아가고 아무리 펄펄 뛰는 젊은 인간이더라도 결국 오는 한 발의 작은 쇳덩어리에 쓰러지는 인간의 무력함이여!

숨 돌릴 사이도 없이 터지는 포화 속에 보이는 인간의 생명에 대한 허무적인 나약함을 그린 영화였다.

나중에 아내의 말 "포탄과 총에 쓰러지는 인간의 살 조각들과 그 비참한 죽음을 볼 수 없었다."

전쟁은 인간을 너무 처참하게 만든다. 아내는 그 영화를 보고 한동안 전쟁 영화는 안 보았다.

얼마 전이었다. 너무 미묘하게 돌아가는 남북의 문제. 전쟁이 코앞에 와 있는 것 같은 상태, 뭔지 모르는 답답함이 쌓여가는 어느 날에 막내아들과 같이 저녁을 먹게 되었다. 중2의 아들이다.

남북문제에 대해 아내와 이야기하고 있었다. 아들이 끼어든다. "아빠! 전쟁나면 고2까지는 전쟁에 가고 중등은 관계없대." 한다.

처가 웃으며 말한다. "아들아, 네가 전쟁에 가면 엄마가 따라가서 뒤에서 총에 총알도 넣어주고 뒤도 봐줄게."

서로 마주보며 웃는다.

전쟁에 관해서 중학생인 아들도 자기들끼리 이야기하는가 보다. "어떻게 고등학생은 전쟁에 가고 중학생은 안 가냐?" 하니 자기들끼리 알고 이야기하는 내용이란다.

전쟁이 나면 마음놓고 식구끼리 식사를 할 수 있을까? 청춘의 시기를 즐기고 있는 나의 큰아들이 친구들과 웃으며 걱정 없이 맥주라도 마실 수 있을까? 가족과 지인을 위한 시간을, 나의 취미를 즐길 수 있을까? 한 달에 한두 번씩 즐기는 식구끼리 외식도 할 수 있을까? 얼마나 무고한 사람이 죽을까? 얼마나 많은 사람이 병신이 될까? 얼마나 많은 사람의 인생이 비참해질까?

이런 무서운 전쟁 이야기가 중학교 다니는 아들의 입에서 농담식으로 나오다니…….

전쟁 영화도 싫어하는 아내가 아들이 전쟁터에 가면 싸우는 아들 뒤에서 총알도 넣어주고 옷도 챙겨준단다. 엄마의 마음에 아들이 가면 간단다. 포탄이 날리는 전쟁터라도. 싸우는 아들 뒤에서 아들의 뒷바라지를 할 수 있는 것이 모성일까? 그런 엄마의 마음이 통하는 것이 전쟁일까? 이런 엄마들의 자식들이 수만 아니 수십만이 죽는다면? 생각하기도 싫다. 나와 나의 가족을 위해서라도 아니 젊은이들의 내일을 위해서라도 우리 모두의 작은 행복을 위해서라도 전쟁은 일어나지 않아야 한다.

독도도 우리 땅, 벚꽃도 우리 꽃

봄을 알리는 전령은 뭐니뭐니해도 벚꽃인 것 같다.

주변의 모든 것들이 겨울의 미련 때문에 뭉그적거리며 겨울을 잡고 있을 때 과감히 계절의 변화를 결정적으로 모든 만물에 알리는 것이 봄의 꽃, 벚꽃이리라.

벚꽃은 눈부시도록 화사할 뿐 아니라 꽃바람에 지는 모습 또한 아름답다. 그리고 여름의 풍성한 잎, 가을날에 그 멋스러운 단풍, 겨울의 고즈넉한 모습 또한 멋스럽다. 벚나무는 그렇게 세월을 보낸다.

어떤 이는 말한다. 벚꽃은 일본 꽃이라고. 세상에 꽃을 어떻게 한 나라가 독점할 수 있는 것인가? 그럼 장미는 영국의 것이고 모란은 중국의 꽃이란 말인가?

꽃은 심어서 가꾸고 피운 사람이 보고 감상하는 것이지 임자가 따로 있지 않다. 그럼 일본인이 무궁화는 키우면 안 된단 말인가? 무궁화 키우는 사람은 누구나 친한파인가?

우리 꽃은 왜 꼭 무궁화인가? 왜 무궁화만 우리 꽃인가? 못나고 잘못 크고 꽃이 지저분해도 그 꽃만이 꼭 우리 꽃이어야만 하나!

누군가가 나라의 꽃으로 정해서 바꿀 수도 없단 말인가? 무엇이든지 한 번 국가가 정하면 영원히 가는 것이란 말인가? 아무리 그 결정이 잘못되었더라도……. 꽃은 조건만 맞으면 피었다 지는 것 아닌가? 좋은 꽃 보고 싶으면 그 꽃을 심어 즐기면 된다.

꽃은 많이 가꾸고 많이 갖고 있는 사람이 꽃의 진정한 주인이다. 많은 곳에 가 보면 봄에 벚꽃이 만개한 지역과 가로수에도 꽃이 없는 곳을 비교해 보면 가히 가슴에 사랑이 있나 없나와 마음의 풍요함의 큰 차이를 보는 것 같다.

벚꽃이 활짝 피어 있는 도로를 갖고 있는 도시와 봄꽃이 적은

도시의 차이는 그 도시를 들어서는 순간, 풍요로움과 빈곤의 차이로 비교된다. 꽃은 마음을 풍요롭게 하는 것 아닌가? 꽃이 없는 세상을 생각해 보라? 얼마나 삭막한 세상일까?

꽃을 많이 심자. 빈 공터 어디든지 그리고 활짝 꽃피우자.

보라, 겨울의 그 칙칙함을 한 번에 날리는 자연의 아름다움을. 그 꽃의 빛나는 환희와 약동의 아름다움을.

우리 벚꽃 일본보다 많이 심어 우리 땅에서 특히 봄에 그 화사함 우리 강산에 꽃피우자. 꽃에 임자가 있나. 그 꽃 주인인 국가가 있나. 많이많이 심어 우기자. 벚꽃도 우리 꽃이라고. 특히 일본인에게 우기자! 벚꽃도 우리 꽃이라고.

독도가 우리 땅이듯.

6부 산행을 하며

산행을 하며

한가한 날 마음을 다지고 계룡산에 갔다. 산에 자주 가는 사람들이야 계룡산 정도야 하겠지만 술로 세월을 보낸 나에게는 버거운 일이다.

연못의 개구리에게 돌을 던지면 맞는 개구리는 죽지만 던지는 소년에게는 하나의 장난일 뿐이듯. 자주 산에 올라 다리에 힘이 붙은 사람에게는 4시간 걷는 거야 연못에 가볍게 돌 던지는 소년의 마음이겠지. 그러나 주색에 곯아버린, 차만 타고 다녔던 힘 빠진 다리에게는 글자 그대로 사서 고생하는 오뉴월 땡칠이 같다. 후들거리는 다리로 일행을 죽을 둥 살 둥 풀어지는 눈동자로 따라가는 불쌍한 신세이다.

그나마 올라갈 때는 힘이라도 있어 그럭저럭 헉헉거리며 따라 갔지만 내려올 때는 풀어진 다리로 가파른 돌계단을 내려오자니 몸에 땀은 흐르지, 다리는 후들거리지, 지쳐 눈에 초점은 흐리지 꼴이 말이 아니다. 날카롭고 뭉툭하고 거친 자연석이 가파른 산길에 되는 대로 깔린 길이라 한 발만 잘못 디디면 불상사가 발생할 게 뻔하니 풀어진 눈으로 돌의 안전한 곳에 발을 옮길라 다리에 힘을 모아 균형 잡을라 머리가 빙빙 돈다.

평소에 산에 자주 다녀 다리에 힘이 붙은 친구는 벌써 보이지 않을 만큼 가버렸다. 죽지 못해 겨우겨우 내려가는데, 숲 속 사이로 산비둘기 소리 들린다. 여기에 화답을 하듯이 까마귀 소리 우렁차게 들린다. 산에서 들으니 까마귀 소리도 정겹다.

그때 생각했다. 먼저 내려간 친구야 내려가 적당한 곳에서 쉬면서 날 기다리면 될 것이니 내가 이렇게 죽기 살기로 내려갈 필요가 있나? 적당히 쉬면서 즐기면서 가자 하는 생각이 들어서 길가에 넓고 평평한 바위에 앉아 숨을 골랐다.

심호흡을 하고 가슴을 안정시키니 맑은 하늘도 녹색의 나무 사이로 보이고 유난히 많이 내린 여름의 비 때문인지 계곡의 물도 시원하게 흐른다, 그리고 간혹은 넓은 곳에 모인 물이 너무도 맑게 하얗게 푸르다.

슬슬 계곡의 물소리 들으며 내려오자니 자꾸 어디선지 음악 소리가 들려 주머니 안에 있는 휴대폰 소리인가 하고 확인하니 아니다. 그 소리는 계곡 물이 흐르면서 자연의 음악을 연주하는 것이다. 그 소리가 자주 들린다.

내려가면서 휴대폰 소린가 하면서 몇 번을 휴대폰을 꺼내 볼 정도로 들릴 듯 말 듯 들리는 물소리 속의 어떤 음악소리. 자연의 소리였다. 그 소리를 계곡을 내려오는 동안 내내 들을 수가 있었다.

내려오는 동안 내내 많은 돌들을 밟았다. 산의 급한 경사도를 따라 거칠게 깔려 있는 자연석을 보며 날카롭고 흉하고 아무 값어치도 없는 보통의 돌들도 많았지만 간혹은 밟기가 아까울 정도의 멋진 돌들이었다. 아까웠다. 이 멋진 돌들은 이 산속의 등산로가 아닌 어떤 사람들이 많이 볼 수 있는 곳에 있으면 가격도 많이 나가고 그 아름답고 신비한 모습으로 감탄을 자아내게 할 텐데……. 가치를 알아주는 사람 속에 사랑으로 사는 것이 좋을까? 자연에 따라 피고 지는 속에 간혹은 구름과 달 그리고 별빛 속에서 산바람을 벗삼고 산비둘기 소리, 까마귀 소리에 젖는, 있으나 없으나 누구도 모르는 지나가는 등산객이 간혹 무심히 앉았다 한숨 돌리고 가는 그런 산속에 물건인 돌인 것이 좋을까? 이런저런 생각을 하다 보니 거의 다 내려온 것 같다.

다리는 후들거리나 가슴은 싱그럽다. 여름의 숲, 그 짙은 초록이 산에 짙게 깔려 있다.

강경의 벗들과 보낸 하루

어둠이 내리는 농장, 친구들의 차가 라이트를 켜고 올라온다. 세 대가 오기로 했다. 그런데 차 한 대가 올라오다 옆길로 빠진다. '아니! 왜 옆으로 빠질까 빠지면 안 되는데…….' 생각하며 오는 차 마중을 나갔다. 반가운 친구들의 얼굴이 보인다. 서로들 반갑게 인사를 했다. "야, 너희들 오다가 한 차가 옆으로 빠졌는데 누구 차냐?" 라고 묻자 그 차는 우리 일행이 아니란다. 그러면 한 대는 어디로 빠졌냐고 물으니 중간에서 방향을 틀었단다.

위치를 몰라 헤매고 있는 친구와 연락은 했으나 좀처럼 못 찾아온다. 그 친구들은 내비게이션에 의존을 하고 있으나 이런 산골의 번지는 아직도 정리가 안 되었나 보다. 주소를 찍고 찾아와도 낭패를 당하기 일쑤다. 얼마 전에도 내비게이션에 이곳의 주소를 찍고 오던 지인들이 남원까지 갔다가 되돌아오느라 고생했다.

함양의 시내인 이 농장을 못 찾고 우왕좌왕하는 친구들의 흐름을 보던 친구 하나가 이곳의 지리를 잘 안다고 자기가 친구들을 데리러 가겠다고 차로 갔다. 못 찾고 오는 친구들을 기다리지 못하고 몇 명의 친구들이 "야, 배고프다! 먹자!" 하며 미리 음식 준비가 되어 있는 식당 방으로 간다. 친구들을 편안하고 따스하게 맞이하려고 응접실로 쓰는 거실에는 나무 난로에 몇 시간 전부터 불을 피웠고, 식당 방에는 직원을 시켜 친구들이 오기 전에 만반의 준비를 시켰다. "배고픈 사람은 먼저 먹어라." 나는 나머지 친구들이 오길 기다렸다. 몇십 분 후 나머지 일행이 오고 반갑게 맞이하면서 농담으로 "멍청한 놈들 이런 쉬운 곳도 못 찾고 다시 대전으로 올라가라." 하니 이런 곳에 있으면서 친구들을 초대한 내가 바보라나? 미리 먹고 마시던 친구들과 합류해서 기분 좋게 시간을 보냈다.

호사다마라던가. 갑자기 주방에서 "어어, 물이 안 나오네." 한다. 급히 주방으로 가 보니 물이 안 나온다. 그동안 산 정상 부근에 있는 약수터에서 물을 파이프로 연결하여 사용하다가 가뭄 때문에 지하수를 파서 사용한 지 열흘 정도밖에 안 되었는데 공사가 잘못되었나 보다. 순간 공사 업자를 원망하고 욕이 목에까지 올라왔다. 하나 욕을 한들 무엇하랴 싶은 생각과 이 난관을 해결할 방법은 물을 길어올 수밖에 없다는 생각이 들었다. 이십 명에 가까운 사람들이 모인 장소에 물이 떨어졌으니 보통 난감한 일이 아니었다. 문득 창고에 비상시 쓸 물통 십여 개가 생각났다. 물 없이는 설거지도 세수도 화장실 사용도 어렵다. 나는 지원자와 암자에 물을 길러 갔다. 이런 난세에는 슬기와 지혜를 모아야 한다. 남자들은 소변은 밖 넓은 공간에서 자유롭게 해결하고, 여자 친구들만 물을 사용하기로 했다. 트럭을 몰고 친구들과 암자에 가서 물을 30여 통이나 길어다 화장실과 목욕탕 그리고 주방에 가득 채웠다. 친구들과 수차례 암자를 이리저리 뛰느라고 어떻게 보냈는지 모른다.

주방에서 요리를 담당하던 친구가 "가스가 떨어졌네." 한다. 역경은 쌍으로 온다더니, 보관되어 있던 휴대용 가스레인지 두 개를 사용하기로 했다. 모처럼 고향 친구들을 초대했는데, 실수가 연발이라니 쓴웃음만 나왔다. 일부 친구들은 바쁘다고 돌아가고 남은 친구들은 새벽 4시까지 놀았다. 아침에 바쁘게 온 수리업자는 수중 모터에 들어가는 전선 하나가 빠져서 그렇다고 죄송하다며 간단히 고치고 갔다. 가스도 예비 가스통이 있어 손쉽게 교체했다. 아무리 문제가 발생해도 차분히 생각하면 분명 해결책은 있는 법이다.

느긋이 아침을 먹고 나머지 친구들도 돌아갔다. 번잡하고 소란스럽고 황당한 시간들이었지만 그래도 고향의 친구들은 잘 놀다 기분 좋게 갔으려니 싶다. 고향의 어릴 적 까까머리와 단발머리로 콧물 들이키며 얼어터진 손 호호 불며 시간을 보낸 벗들이여! 바람 부는 갈대가 흐느적거리는 둑길을 달리던 그 얼굴이 얼어 빨간 사과 같은 볼로 파란 고향의 하늘을 보던 친구들이여! 지나간 시절 그립고 그리운 시간의 저편에서 보낸 아지랑이 아물거리는 시간 속의 벗들이여! 다시 만날 그때까지 건강하고 즐겁게 지내기를 바란다.

팽의 벗들

만나서 가볍게 술 한잔하고 송년회를 하자는 연락을 동창회장인 봉달이(임봉옥)가 해왔다. "야 봉달아, 그 모임 나에게 일임해라. 내가 한잔 사지." 그렇게 해서 29일 내가 팽의(팽나무언덕카페) 친구들에게 저녁을 사게 되었다.

아차산이 있는 곳에서 천호대교 쪽으로 200미터 가면 '로로 샤브샤브'라는 식당이 있다. '이왕에 한잔 사는 것 그곳에서 살 것이니, 많은 참석하길 바란다.' 고 연락을 띄웠다. 한잔 사는 것이야 뭐 대단하랴만, 나는 좋다. 다른 모임도 많지만 이 모임은 글자 그대로 고향의 향기가 폴폴 나는 꾀복쟁이들의 모임이 아닌가. 자랑할 것은 금강의 잔잔한 물결과 짜디짠 젓갈밖에 없는 강경의 모임, 김영랑 시인의 「내 마음의 어딘 듯」 시를 보는 듯.

내 마음의 어딘 듯

내 마음의 어딘 듯 한편에 끝없는
강물이 흐르네
돋쳐 오르는 아츰날 빛이 빤질한
은결을 도도네

가슴엔 듯 눈엔 듯 또 핏줄엔 듯
마음이 도른도른 숨어 있는 곳
내 마음의 어딘 듯 한편에 끝없는
강물이 흐르네

김영랑 시인의 가슴에 강물이 흐르고 있듯, 간혹 한가할 때나, 바쁘게 지내다 불현듯 그 은빛으로 빛나던 푸른 물결이 출렁이고 때로는 황톳물 가쁘게 흐르던 고향의 강이 자연스레 가슴에 흐를 때가 있다. 그러면 나는 철부지 소년마냥 고향이 그리워진다. 오는 29일 고향의 향기를 지닌 사람들을 만나 한잔 하며 잔잔히 흐르는 가슴속 강의 물결 한 번 저어 볼까 한다.

비와 함께 온 벗들

고향이란 무엇인가? 타향에 가면 고향 까마귀만 봐도 좋다 했던가.

열대성 기압이 태풍으로 바뀌어 지리산 쪽에는 폭우가 예상된다는 일기 예보에 은근히 걱정이 되었다. 고향의 친구와 지인들이 모처럼 날을 잡아 농장에 놀러 오기로 한 날에 태풍이라니…….

폭우처럼 쏟아지는 이 빗속을 과연 와서 놀다 갈 수 있을 것인지. 이 빗속에 얼마나 올 수 있을까? 하는 생각이 들었지만 그래도 준비는 철저히 해야지 하는 생각으로 많은 비가 와도 즐길 수 있는 공간, 비도 피하고 자연도 즐길 수 있는 공간으로 연못 가까운 곳에 자리를 마련했다.

세차게 쏟아지던 비가 친구들이 올 시간이 되어 가니 서서히 이슬비처럼 약한 빗줄기로 바뀌었다.

먼저 온 친구 중 일부는 숯불을 피고 오는 즉시 술 한잔할 수 있도록 간단한 안주를 굽고 나는 전체적으로 그들이 와서 불편한 점이 없도록 보이지 않는 부분을 지시도 하고 여러 모로 신경을 썼다.

드디어 서울에서 벗들이 왔다. 태풍이 몰고 오는 비처럼 세찬 비에도 예상보다 많은 친구들이 모였다. 간간이 내리는 빗속에 농장을 둘러봤다.

처음 온 친구들이 이곳의 경치에 놀란다. 이렇게 아름다운 곳인 줄 몰랐단다. 준비되어 있는 곳에서 일차로 먹고 마시고 즐겁게 시간을 보내고, 이차로 넓은 방이 있는 본관 건물로 갔다.

본관 건물에서 또 한 번 마시고 즐기는 속에서 한쪽은 친구들의 돈을 따기 위해 눈을 벌겋게 빛내며 고스톱을 치고, 그 옆에 놀기 좋아하는 친구들은 노래방 기계로 음악을 즐겼다. 한참을 노래하다 꽹과리, 북, 장구, 징 등 농장에 있던 사물들로 사물놀이를 했다.

밖에는 굵은 빗줄기 하염없이 내리는 산속 농장의 넓은 방에서 마음껏 사물을 두들기며 어깨동무하고 걷기하고 뛰기도 하며 마음 놓고 소리치고 노래하고 신이 들린 듯 놀았다. 놀다 보니 고스톱을 하던 친구들도 합류하였다.

너무 잘 놀아 모두가 땀에 범벅이 되어 주저앉아 쉬노라니 한 친구가 말한다.

"내 생전에 이렇게 비 오는 밤에 신들린 듯 놀기는 첨이다! 너무 황홀하게 좋다!"

모두가 땀이 흐르는 얼굴로 끄떡인다.

또 한 친구 묻는다.

"이렇게 크게 마음껏 소리치고 꽹과리 치고 북치고 놀아도 아무 탈 없나?"

내가 말했다.

"이 주변은 이 소리가 나가봐야 시비할 곳은 개울 건너 동네이니 마음대로 놀아라."

분위기에 취해, 노래에 취해, 친구에 취해 그리고 술에 취해 진정으로 마음껏 놀다 잤다.

아침에 일어나 보니 그렇게 늦게까지 마음껏 마시고 노래하고 소리쳤던 친구들이 한 사람도 지친 사람 없이 빛나는 얼굴로 싱글싱글 한다. 이곳의 멋진 자연과 좋은 기를 듬뿍 받고 마음껏 흔들고 논 덕분이겠다.

한 친구도 불만의 빛이 없다. 편하게 아침을 기분 좋게 닭고기와

닭죽으로 먹으면서 또 해장술로 소주 몇 병을 마셨다.

그들을 보냈다. 아무리 즐거워도 헤어짐은 따른다. 친구들을 실은 차가 개울의 정자를 지나간다. 서울까지 가려면 4시간은 가야 하는데…….

차가 시야에서 사라져 보이지 않을 때까지 친구들 얼굴 하나하나를 떠올리며 잘 가라는 인사와 평온한 내일을 빌었다. 그리고 잔뜩 찌푸린 하늘을 봤다. 비가 자주 내리는 막바지 여름날이지만 기분은 좋다.

안개꽃을 찾아서

멀리서 나를 알아보고 싱긋 웃으며 손을 흔든다. 반갑다. 오랜 동안 만난 편한 사이처럼 느껴진다.

많은 사람들이 참석했다. 이곳은 국제 펜클럽 전북위원회에서 주관하는 '작촌문학상'시상식이 열리는 전북 전주다.

'팽나무 언덕'에서 글을 통해 알았던 닉네임이 '안개꽃'이라는 시인의 초대를 받았다.

부산에서 20여 년을 살다가 어떤 이유가 있어 전북 전주로 이사 온 지 한 달이 된다. 그동안 서울 쪽 문인의 모임에는 적당히 참석하여 활동을 했지만, 이곳은 처음이다.

면면을 보니 세련된 사람은 서울보다 적지만 인간적인 면모를 지닌 사람이 많은 것 같다. 상업적인 냄새가 너무 많이 나는 행사보다, 조촐하지만 알차고, 진행은 미숙하지만 서로가 이해하고 넘어간다. 서울은 어떤 문인들의 모임이든 순수한 문인들의 모임이기보다도

장사가 목적인 모임이 흔하지만 이곳에서는 상을 받는 사람도 주는 사람도 상쾌하다.

안개꽃 이선화의 소개로 펜클럽 회장, 작촌문학회 회장, 이강주 회사 대표, 그리고 이쪽 문학에 관련하고 있는 교수 몇 분과 인사를 했다. 주최하는 분들이 마련한 자리에서 식사와 술을 하면서 많은 대화를 나누고 첫 자리이기에 좀 일찍 일어섰다.

안개꽃이 따라 나온다. 처음 보고 처음 참석한 자리, 축하해준다고 지인 몇 사람하고 이차로 술을 사준단다.

사주는 술, 잘 마셨다. 안개꽃 이선화, 이 여자 괜찮은 여자다. 통도 크고 매너 있고 사람 좋고, 술 한잔 얻어먹었다고 칭찬하는 것 아니다. '이 여자 좋은 여자 같다. 하하하.' 복 많이 받으라고 빌며 헤어져 집으로 왔다.

권리와 의무

어버이 날.

평상시 전화도 자주 못하지만 이날만큼은 밥이라도 함께하지 않으면 왠지 일 년 내내 불효를 하는 것 같아 대개 특별한 일이 없으면 부모님 및 처가 쪽 사람과 같이 식사를 한다.

그 한 번의 식사가 양쪽의 어른들에게 내가 하는 효도(?)의 절반으로 생색내는 식사다.

점심은 부모님과 형제들 10여 명과 마산에서, 저녁은 장인, 장모님 그리고 처가 쪽 사람 20여 명과 같이 김해에서 했다.

오랜만에 만나 대화를 하는 즐거움에 좀 과할 정도로 술을 마셨다. 그리고 무리를 해서 밤에 고속도로를 달려 전주 집으로 왔다.

늦게 일어나 아침 겸 점심을 먹고 나니 온몸이 결리고 찌뿌듯하다. 과한 술과 움직이지 않고 식사와 술을 마시고 좁은 공간인 차 속에서 꼼짝 못하고 몇 시간을 달려온 탓인가 보다.

처와 가기 싫다는 아들을 대동하고 전주에서 가장 유명한 모악산에 갔다. 이 산은 여러 종교의 산실이란다. 이곳 전주에 이사온 지 어언 6개월, 몸도 풀 겸 처와 막내아들과 호흡도 맞출 겸 갔다. 불과 3킬로라는 정상을 만만히 보고 콧노래 부르며 갔으나 평상시 등산을 즐겨하지 않는 나나 살이 좀 찐 아들놈에게는 참 어려운 등산이었다.

아들놈, 평상시 산에 자주 다녀 몸이 가볍게 우리를 훨씬 앞서 가는 자기 어머니를 보고 말하길

"어머니는 50도 안 된 젊음이 있기에 가볍게 가고, 아버지는 세월 때문에, 나는 비계 때문에 힘겹습니다."

내가 말했다. "그래. 영계와 비계 그리고 세월이 걷고 있구나. 빨리 영계를 추월하자."

올라갈 때나 내려올 때나 열심히 영계(?)인 아내를 추월하려 했으나 나와 뚱뚱한 아들은 여름 복날에 혀를 빼고 있는 개처럼 헉헉대며 아내의 꽁무니만 겨우 따라갔다.

죽을 둥 살 둥 겨우겨우 등산을 끝내고 집에 왔다. 몸 풀려고 간 등산이 생고생을 한 꼴이라 영 죽을 맛이었다.

샤워를 끝내고 거실에 나와 보니 아들놈 씻지도 않고 아주 편한 자세로 티브이를 보고 있고 아내는 다용도실에서 박스를 정리하고 있다. 나를 보자 아내는

"쓰레기를 정리해 경비실 옆 수거함에 내놓아야 하는데 아들 놈 도와주지도 않고 티브이만 봐요. 혼내세요." 한다.

알았다 하고 거실로 나와 "요 아들놈아, 티브이를 끄고 아빠 말을 들어라."

"왜요?" 하며 티브이를 끄고 내 말을 듣는다. 내가 말했다. "너는 우리의 아들로서 권리와 의무가 있는데, 네가 사랑을 받고 교육을 받고 아프면 치료받고, 용돈도 받을 권리가 있지만 대신 가족의 일원으로 가족을 사랑하고 특히 엄마가 고생할 때 도와야 할 의무가 너에겐 있다. 쓰레기 분리 수거해 박스를 내놓아야 하는 엄마를 도울 책임이 너의 의무 중 하나이다. 당장 도울래 말래?"하니 아들 웃으며 일어나 자기 엄마를 돕는다.

'권리와 의무'. 좋은 말이다. 나는 부모로서 의무를 다하고 있나? 나는 자식으로 의무를 다하고 있나? 나는 사회의 구성원으로 의무를 다하고 있나? 그리고 나는 나를 필요로 하는 많은 사람에게 의무를 다하고 있나? 자문하고 웃어봤다.

그리고 아들이 아주 편하게 누워 티브이 보던 소파에 내가 제일 편한 팔자로 누우면서 티브이를 켠다. 그때 경비실에 박스를 내놓으려 아들이 박스를 들고 지나간다.

아들에게 농담을 던진다. "아들아, 권리와 의무를 꼭 잘 지켜라."

밥상머리에서 인생을 본다

아침 밥상이다.

여름이라 입맛이 없어서 조금씩 담아 달라는 말을 항상 한다. 오늘은 더덕 무침에 두부, 꽁치 두 토막, 자색의 양파, 김치 그리고 후식으로 수박이다.

수박까지 먹고 나니 적당히 배가 부르다. 남은 수박 껍질을 봤다. 먹을 때는 좋지만 이런 음식물 찌꺼기는 도시에서는 별도로 잘 담아 음식물 쓰레기 버리는 곳에 버려야 한다.

도시에서는 버리기 귀찮은 수박 껍질, 전혀 쓸모 없는 냄새나는 쓰레기 등이 농장에서는 닭이나 오리 또는 거위에게 얼마나 좋은 먹이인가?

사람도 이와 같지 않을까? 자기 있는 위치에 따라 냄새나는 쓰레기도 되고, 또 다른 위치에 섰을 때는 향기 나는 음식이 되니, 나는 어디에 서 있으며 많은 사람들은 어디에 서 있을까?

그 있는 곳이 젊음의 한때만 빛나고 그 뒤는 냄새나는 먹다 남은 수박 껍질의 신세는 아니어야 할 텐데…….

남은 잔재마저 향이 나는 그 모두가 원하는 곳에 그대는 있는가?

아침 밥상머리에서 생각해 본다.

훗날 나에게도

계획도 없이 여럿이 모이게 되었다. 기분 좋게 한잔하다가 벚꽃이 아름다운 백전리 벚꽃축제에 가보자고 어느 분이 제안했다.

백전리의 벚꽃은 내가 함양에 와 일 년에 한 이 주 동안은 신에게 감사를 드릴 정도로 벚꽃의 아름다움을 느끼곤 했다.

올해는 겨울이 유난히 길어 오고가는 길에도 벚꽃이 10%도 피지 않은 아직은 겨울의 삭막한 상태인데 벚꽃 축제라니……. 각종 이벤트 회사와 맞물려 있으므로 개화는 멀었더라도 행사는 하는 것이란다. 하기야 한 달 이전에 세운 계획이니 꽃이 안 피었더라도 할 수밖에 없는 행사이리라.

벚꽃 없는 벚꽃축제장에서 꽃보다 아름답다는 사람들이라도 구경해야지 하며 일행은 축제장에 갔다.

벚꽃은 아직 몽우리만 있는 상태였다. 그런데도 많은 사람들이 있었고 한쪽에서는 축제의 상징처럼 되어버린 노래자랑이 휘황한 조명

속에서 많은 사람과 어우러져 흥겹게 진행되고 있었다.

나도 한잔 한 후라 노래자랑에 한 번 나갈까 하고 즉석에서 신청을 하려 했으나 신청자가 많아 안 된다고 했다. 어쩌랴. 내 솜씨를 보일 기회가 없으면 없는 대로 즐기리라 하고 객석에 앉아 출연자들의 노래를 들었다. 다들 수준급이다. 전국적으로 퍼져 있는 노래방 때문에 우리 국민 모두의 노래 솜씨가 전국적으로 평준화가 되어 수도권이나 오지 함양의 백전리 축제에서나 그들 노래 솜씨는 일품이다.

특히 놀란 것은 어느 여성 출연자 한 분이 발라드풍의 노래에 맞추어 몸을 적당히 흔드는 모습이 세련되고 그 몸매 아직은 균형이 잡혀 있었다. 부드럽고 아주 매끄럽게 흔드는 솜씨가 보통이 아니었다. 5, 60대는 족히 되어 보였다.

박수를 많이 쳐주었다. 그 출연자 노래를 끝내고 오는데 내 옆의 사람들과 일행인가 내 쪽으로 웃으며 오고 그 일행들이 반긴다. 나는 살짝 실망했다.

무대에서 볼 때는 50대 정도의 여인처럼 보였으나 가까이 보니 70도 넘은 얼굴에 세월이 깊이 박혀 있는 게 아닌가.

저 정도 연세에 저 몸매라니…….

그들의 대화 속에 이런 말이 들린다. "내가 노래 교실에서 일 년은 연습으로 부르고 준비한 노래다." 그녀는 찬사를 보내는 일행을 보고 활짝 웃는다. 놀라웠다. 일 년을 준비한 노래를 매력적으로 부르며 아직은 남은 마음의 젊음을 보일 수 있는 힘이 있다니!

악수라도 하며 그 열정에 찬사를 보내고 싶었으나 그냥 씩 웃고 말았다. 역시 청춘의 깊은 의미는 마음과 도전정신이리라.

저 연령에도 되도록 보기 좋은 모습으로 한 부분을 즐기며 도전한다는 것은 또한 청춘의 연장이 아닐까?

2차를 위해 자리를 옮기자는 일행과 일어서며 다시 그분을 보며 속으로 '오래오래 인생 즐기며 사십시오.' 하고 빌어줬다.

훗날 그 누가 나에게도 이렇게 마음으로 빌어주는 사람 많이 있을까? 생각하며 자리를 떴다.

그냥 크게 웃었다

며칠 전 일이다.

친구 몇 명과 만나 술 한잔을 하였다. 여러 가지를 이야기하다가 여자 이야기가 나왔다. 내가 말했다. “여자는 참 좋은 것이다. 만나면 새로운 감정도 나오고 안 보면 보고프고, 보면 즐거우니…….”

그때 옆에 앉아 있던 친구, 정색을 하며 나를 보고 묻는다. “야, 지금 우리 나이에도 여자와 연애를 하냐?”

아주 진지하게 묻는 눈이다. 순간 나는 당황했다. 그리고 생각했다. 오십대 후반인 우리 나이에 연애를 하냐고 묻는 친구의 진지함.

마누라가 알면 기분이야 나쁘겠지만 뭇 여인하고의 연애. 즉 사랑에 나이가 백이면 어떻고 이백이면 어떨까? 살아 있는, 즉 숨을 쉬는 순간까지 나이야 어떻든 한 여인을 그리워하고 그 여인에게 어떤 특별한 감정을 갖는 것은 인간으로서 얼마나 큰 축복인가? 그 상대가 젊든 늙었든, 예쁘든 추하든 관계없이.

사랑을 할 수 있는 대상이 있으면 얼마나 좋은가? 그 상대와 교감이 된다면 얼마나 인생의 보람이고 축복일까?

무엇인지 모르지만 마음 아니 어떤 기분이 통할 것 같은 여인을 만날 때의 그 기쁨. 그런 기분을 느끼는 것이야말로 우리 인생의 진정한 축복일진대…….

그 모든 것을 다 잊어버리고 오로지 마누라 그리고 자식들의 결혼 및 그들의 앞날에 전전긍긍하는 것이야말로 우리 세대의 보람이라고 나는 생각지 않는다.

우리의 삶과 자식의 삶은 어차피 다른 것이 아닐까? 인간으로서 나의 자식들이 하나의 사회인으로서 당당히 살아갈 수 있게 힘이 되어 주는 것은 좋으나 그것이 나의 인생의 전부이어서는 안 된다고 생각한다.

느낌이 좋고 어떤 감정의 흐름이 느껴지고 그를 보았을 때 즐거워진다면 애인으로 만나면 더없이 좋을 것이요, 애인이 아니면 친구로 만나도 좋고 그것도 아니면 볼 수만 있어도 즐거울 텐데. 그런 모든 것을 멀리 보내버린 친구의 진실된 물음에 그냥 크게 웃었다.

이 마음 친구에게 알리기 싫었다. 내가 좋아하는 여인 모두를 마음으로 그리고 그들에게 축복이 있길 바랐다.

소설

달콤한 그녀의 입술

허무했다.

10년의 결혼 생활이 이렇게 아무런 남김도 없이 뺨을 스치는 바람처럼 사라지다니. 멀리 사라져가는 아내, 아니 이제는 법적으로 완전 남남인 여인의 뒷모습을 잠시 바라보았다. 마지막으로 눈가에 눈물을 보이며 그녀가 했던 짤막한 말 한마디.

"잘 가세요. 그리고 앞으로 잘 사세요."를 떠올리며 씁쓸한 맛을 느낀다.

좋은 여자였다. 헤어진 그녀는 바르고 착했다. 어렵게 자란 시골에서 열심히 노력해 그래도 운이 좋아 대학까지 졸업한 인생이었다. 알뜰했고 앞날에 대한 준비도 나름대로 철저했던 지적할 게 없는 여인이었다. 그러나 결혼 전의 즐거움, 서로가 젊었기에 성적인 욕구와 그 즐거움만으로 둘이는 서로 사랑이라 믿었고 서로가 좋았기에 결혼을 했으나 섹스의 만족만이 아닌 더불어 같이 가는 시간이 결혼 후에는 서서히 문제점으로 하나하나 드러났다. 성적으로는 맞았으나 성적인 것을 제외한 일상적인 활동이나 취미에는 각자가 커온 바탕이 다르듯이 다르고 어느 한쪽이라도 자신을 굽혀 상대에게 양보하는 성격이 둘에게는 없었다.

나는 여자가 없는 오형제의 맏이로 자라서 남다른 혜택과 무엇이든지 우선으로 대접을 받는 유교적인 사고의 소유자였고, 그녀는 겉은 부드럽지만 안으로는 자기의 주장이 강해 남과는 타협을 하지 않는 성격, 남에게 여성처럼 나긋나긋하게 할 수 없는 여자다운 미가 없었다. 성격이 타협을 모르는 옛날의 윤리 전공의 여선생 같은 분위기와 정서를 갖고 있는 그녀였다. 그녀는 책 한 권을 사더라도 그녀가 선택해야 했고, 보고픈 내용의 책이라도 남편이 권하면 사지 않고 똑같은 내용이라도 제목이 다른 책을 샀기에, 기분 좋은 쇼핑에서 서로 얼굴을 붉히는 쇼핑이 될 수밖에 없는, 상대에게 나를 맞추지 않는 까다로운 성격의 여인이었다.

결혼의 시간이 점점 재미가 없기에 비교적 돈이 풍부하게 도는 사업을 하는 나로서는 밖으로 돌게 되었고 밖에서 노는 재미에 빠지기 시작하자 외박이 늘어나기 시작했다. 그녀 역시, 둘이 있으면 별 재미가 없기에 묵인을 해 그렇게 시간이 흘렀다.

둘의 결혼생활은 말뿐인 생활이었고 남과 다름없이 서로에게 무관심하면서 살았다. 그 생활이 연속될 것으로 나는 알았다.

오랜만에 집에 들어간 어느 날 그녀가 말했다.

"우리 이렇게 애정도 없이 따로 살 바에는 애도 없는 지금 헤어지면 어떨까요?"

나도 그냥 전혀 놀라지 않고 무덤덤하게 말했다.

"그렇지? 이렇게 살 바에는 다른 삶을 생각할 필요도 있겠지!"

"지금 말로 표현하는 걸 보니 속으로 준비가 되어 있을 텐데. 모든 것을 알아서 준비하고 법원에 갈 때 연락하라구."

그녀가 이혼을 이야기할 때는 그녀의 성격으로 보아 마음의 준비가 이미 되어 있을 것이고 재산의 분배 등 자잘한 문제는 터무니없는 기질이 아니니 타당하게 양보하리라 생각했다. 며칠 뒤에 그녀와 위자료 등을 쉽게 협의했고 그녀의 준비하에 일이 빠르게 진행되었다. 오늘 최종적으로 가정법원 판사 앞에서 서로의 의사로 이혼하게 됐고 위자료 등 모든 문제를 합의했다. 삼 개월 안에 사는 지역 동사무소에 신고만 하면 되는 합법적인 이혼을 했다.

담배 맛도 쓰다. 답답한 마음을 달래려 차를 몰고 가까운 강가를 찾았다. 막상 이혼을 하고 나니 담담하리라던 마음은 묘하게 여러 가지 흘려간 세월이 떠오르고, 그녀와 함께 보낸 시간에 대한 허무의 생각이 마음을 어지럽게 했다. 남녀의 결혼 생활이 그 십 년이 이렇게 허무한가. 강 쪽 가까운 곳에 차를 세웠다.

이십여 년 전에 한 삼 년 살았던 강가에서 가까운 동네로 걸어갔다. 이 강가에서 가까운 마을, 개발의 바람이 불어 다 이사가고 옛날보다 번듯한 건물이 많이 들어찬 강가의 마을로 변한 동네를 천천히 걸었다. 중학교 이학년부터 고교 이학년까지 삼 년을 살았다. 옛 생각을 하니 픽! 하고 타이어 바람 빠지는 웃음이 새어나온다.

불현듯 옛 생각이 난다.

우리 어머니 하고 가깝게 지냈던 집 앞에 살던 얼굴도 잊은 아주

머니 그리고 역시 이름도 잊어버린 나보다 몇 살 어렸던 여자아이의 모습, 어머니의 농담

"동생아, 우리 사돈하자. 니 딸 우리 아들 줘라."

그 앞집에 아주머니 그런다고 항시 했는데. 나도 싫지 않아 그 애를 보고 농담삼아

"너 커서 꼭 내게 시집와라~응!" 했고 그러면 그 말을 듣고 웃고 도망가던 그 아이 생각이 잠시 스쳤다. 벌써 먼 이야기다. 비슷한 시기에 이사를 갔고 그 뒤 연락이 끊어졌기에 그들의 얼굴도 전혀 기억이 나지 않을 정도로 까맣게 잊었다. 그렇게 먼 기억 속에 잃어버렸던 기억의 하나가 이런 날에 생각이 나다니……. 천천히 걸어 마을을 벗어나 이름 모를 들꽃들이 나를 비웃듯 바라보는 강변으로 갔다. 강을 타고 쭉 이어진 둑을 따라 흐르는 물을 보고 부는 바람에 얼굴도 부딪쳐 보며 천천히 걸으며 강변의 공기, 그 시원함을 마시다 다리가 지칠 정도가 되어 돌아왔다. 그렇게 시간은 흘러갔다.

이혼 후 일 년 이상의 시간이 물처럼 흘렀다. 아쉽고 섭섭한 점도 있었으나 이혼 전부터 따로 살다시피 했었기에 훈련을 많이 받은 병사가 싸움터에 가서 당황함 없이 적응하듯이 어느 면에서는 혼자 사는 편안함에 젖어갔다. 사업에 대한 일과만 끝나면 술자리 마음대로지, 데이트도 어느 누구와 하든지 자유롭지, 글도 밤늦게까지 쓸 수 있지, 부족함이 없는 평화로운 나날이었다.

어제도 맘껏 마셨다. 이혼을 한 후 되도록 주변에 이야기를 하지 않고 지냈으나 자주 만나는 후배가 어떻게 알았는지 간혹은 신경을 써 주었다. 고마운 후배 덕택에 만난 여인, 여자이지만 기특한 후배

다. 묘하게도 술친구로는 좋은데 이성으로서는 전혀 느끼기 어려운 술친구, 이성의 마음이 간혹은 들더라도 아서라, 이렇게 마음 편한 이성의 술친구 하나 정도는 있어야 할 것 아닌가, 하는 마음으로 편하게 술 마시고 싶을 때에 마땅한 상대가 없을 시 부른다. 부르면 큰 약속이 없는 한 달려 나오는 후배가 어느 날 우리가 자주 가는 곳에 나오라 하더니

"선배, 내가 오늘은 좋은 여자 소개해 드릴게요. 내 후배인데 좋은 여자니 잘 해봐요!"하며 한 여인을 소개해 주었다. 후배와 같이 온 여인 한눈에 봐도 미인이다. 갸름한 얼굴에 큰 눈동자가 성큼 눈에 들어왔다.

"안녕하세요!" 느낌이 굉장히 좋다. 어디에선가 본 적이 있는 것 같은 친숙함이 밀려왔다.

"아! 예, 예!"하며 악수를 청했다. 길쭉하면서 가느다란 손이 부드럽게 내 손에 쥐어졌을 때 새로운 어떤 기분의 흐름에 내가 당황스러웠다. 기분이 아주 좋았기에, 상대의 무엇인지 모르는 느낌과 상대의 체취가 감미로웠기에 얼굴이 활짝 펴졌다. 너무 흡족해하는 나를 보고

"선배, 우쩐 일인가요? 한눈에 다 빠진 것 같은데. 하하하!"

이렇게 멋진 여인이 아직까지 짝을 못 찾고 혼자라니 궁금했다. 내가 지금까지 만나왔던 여인들과는 느낌이 달랐다. 그 여인의 분위가 너무 좋았기에 지금까지의 여인들에게 그렇게 묻지 않았던 그녀의 사연을 두세 번 만나고 물었다.

"왜? 아직까지 시집을 못 갔습니까? 아니면 안 갔습니까?"

그녀 말하기를 자기도 시집을 안 가려 하진 않았다 한다. 몇 번의 결정적인 인연도 있었으나 묘하게도 어느 순간에서 어긋나 자기도 왜? 지금까지 이렇게 혼자 있는지 모를 정도로 묘한 마음으로 있고 요즘은 나이도 있고 시집에는 별 매력도 못 느끼고 사람도 없기에 지금 하고 있는 음악학원에만 모든 신경과 시간을 투자하고 살고 있다며 웃었다. 대부분 남자들은 별로인데 선생님은 그래도 왠지 좋다고 했다. 멋있는 그녀, 기분 좋은 그녀, 그녀와 어제 헤어질 때 오늘 만나기로 약속을 했다. 어제 늦은 시간까지 같이 시간을 보내고 택시로 바래다 준 나에게 "안녕." 하며 손짓하고 아파트로 뛰어가던 그녀의 날씬하고 아름다운 뒷모습이 아직도 뇌리를 맴돌고 있다. 그녀를 만나고 그녀에게 빠져 소개를 해준 후배에게 연락 한 번도 안 한 내가 미안한 마음이 든다. 언제 날짜를 잡아 멋지게 저녁을 사줘야겠다고 생각하며 그녀와 일만 잘 되면 옷도 한 벌 사줄까? 하며 웃었다.

'왜? 그녀가 이렇게 좋은가?' 하고 내 자신에게 물어 보아도 가슴에서 나오는 웃음만이 입가를 맴돈다. 언젠가 시간이 나면 그녀에 대해 글을 써야겠다는 생각을 한다. 약속 장소에 그녀가 있다. 그녀의 모습에서 눈부신 빛이 나는 것 같다. 펄럭이는 원피스의 밝고 푸른 모습, 나를 보고 웃는 그 모습이 나를 기쁘고 상쾌하게 한다.

여인을 통해 이런 기분을 느끼다니, 어떤 어려움이 있더라도 그녀의 부모 아니 누가 날 반대해도 저 여인을 나의 아내로 맞이하리라. 마음을 다지며 나도 밝게 웃으며 그녀를 반겼다. 차를 타고 가면서 별 이야기가 없었다. 말보다도 가슴으로 그녀에게 느끼는 감정을 이야기했고, 왠지 더 밝은 웃음을 머금고 나를 힐끗힐끗 보면서 즐거워하는 것 같은 그녀, 가만히 한 손으로 그녀 손을 잡아 보았다. 살짝 떨리는 듯한 자그마한 그녀의 손. 그 따뜻함이 가슴 깊이 박힌다. 더 길게 가고 싶지 않았다. 아니 그녀를 옆에 둔 지금 타오르는 기쁨에 차를 몰고 가기에는 그 느낌이 아까워 나에게는 눈에 익은 옛날의 추억이 있는 강변의 가까운 자리에 차를 세웠다. 그녀 보고 좀 걷자 했다.

자연스럽게 팔짱을 끼는 그녀, 나의 생각도 몇십 년을 살아온 느낌처럼 편했다. 한 명의 여인을 통해 다가오는 느낌이 이렇게 다르다니! 여러 여인을 만났지만 그들의 느낌을 아는 나로서는 더 없이 다른 놀라운 느낌이다. 이런 것이 사랑의 느낌일까? 하는 감동이 왔다. 천천히 걸었다. 이 기분 오랫동안 가슴에 흐르도록, 아련한 추억이 있는 강변, 가까운 동네가 보이는 쭉 펼쳐진 둑의 길이다. 춥지도 덥지도 않은 날씨에 푸른 풀들이 보이고 유유히 흘러가는 강물 그리고 불어오는 강바람이 귓가를 간지럽게 감미로운 솜사탕처럼 흐르는 강가다.

그녀에게 말했다.

“저기 보이는 저 동네 나에게 재미있는 추억이 있는 곳이지. 옛날 이십여 년 전에 살았고, 저곳에 한 여자 꼬마를 보고 커서 나한테 꼭 시집을 오라 했던, 몇 년 살았던 곳이지. 하하하.”

손에 쥐고 있던 그녀의 손이 굳어졌다. 갑자기 손을 뺀 그녀 눈을 크게 뜨고 나를 바라다보았다. 그녀의 눈이 갑자기 몇 배 더 커진 것 같았다. 눈이 얼굴의 모든 면적을 차지한 둥그런 눈동자가 나를 보고 놀란 듯 보았다.

"왜?" 내가 놀라 물었다.

"나도 이십여 년 전 저 동네에 살았는데, 그때 커서 나에게 시집 오라던 오빠가 당신?"

나도 그 소리에 크게 놀랐다. 그리고 그녀의 얼굴을 뚫어져라 봤다. 이십여 년 전에 그 얼굴이 지금의 얼굴에 겹쳤다.

"니가?" 그때 갑자기 잃어버렸던 그 이름이 생각났다.

"아!!! 네가 조수빈이냐?"

"그래요. 오빠 이십 년 동안 밤에 나타나 나를 부르던 오빠! 오빠가 당신인가요?"

눈물을 글썽이며 나에게 달려들었다. 감격스러웠다. 기적인가 싶다. 가슴에 안긴 그녀 어깨를 들썩이며 운다. 나도 눈물이 났다. 아! 나도 모르게 얼마나 기다렸던 여인이란 말인가. 가슴에 안긴 그녀의 호흡이 깊게 전해져 왔다. 강물에는 무심하게 작은 배 떠 있고 둑길에는 지나가던 강아지 놀란 듯 우리를 보고 있다.

그녀의 얼굴을 조심스럽게 들어 그녀의 입술에 입을 맞췄다. 오랜 시간이 흐르도록…….

아! 달콤한 입술이여!

박부도김 산문집

나는 모른다
그대는 아는가

인 쇄 : 2011년 5월 11일
발 행 : 2011년 5월 15일

지은이 : 박부도김
펴낸이 : 서 정 환
펴낸곳 : 신아출판사
등 록 : 1984년 8월 17일 제28호
주 소 : 전주시 완산구 태평동 251-30
전 화 : (063)275-4000
팩 스 : (063)274-3131
E-mail : sina321@hanmail.net

값 10,000원

ISBN 978-89-5925-851-2 03810